ユーカリ、グレビレア、バンクシアなど
魅力あふれる植物たち

育てて楽しむ
オージープランツ

石川久美子

SHUFUNOTOMOSHA

JN021927

Introduction

オージープランツというと、
聞きなれない人は、
「なんだか育てるのが難しそう」
「上級者向けかしら」
と、思うかもしれません。
オージープランツに出合う前は、
私もそんなふうに思っていました。
ところが育ててみると、
独特の花や葉、姿にひかれ、
ひと鉢、またひと鉢と家に連れ帰り、
気がつくと多数の種類を
育てていました。

たくさん失敗もしましたが、
育てていく中で育てやすいもの、
相性がよいものを
見つけることができましたし、
暮らしにとり入れるための
レシピもふえました。
植物が成長したときのうれしさ、
すてきなものができたときの楽しさを、
お伝えしたいと思います。

この本がお気に入りの
オージープランツと
出合えるきっかけになれば幸いです。

石川久美子

❶ミモザの愛称で親しまれるアカシアの仲間。代表種のギンヨウアカシア。
❷バンクシア‘バースデーキャンドル’はコンパクトで花つきがよい。
❸細長い葉に鮮やかな赤い花が美しいグレビレア‘スピリット オブ アンザック’。
❹ふかふかの布地のような質感の花、フランネルフラワー‘フェアリーホワイト’。
❺小さなブーケやハーバリウムなど、オージープランツを暮らしにとり入れて楽しむ。
❻カリステモン、ユーカリ・ポポラス、アデナントス・ウーリーブッシュなどの質感の異なる葉が際立つオージープランツを植えた庭。

2

3

4

5

6

育てて楽しむ オージープランツ

Contents

Chapter 1
オージープランツを育てる

Chapter 2
オージープランツのガーデン実例

Column

オージープランツに似合う
ワイルドプランツ

[本書の使い方]

Chapter 1ではオージープランツ
の植えつけ方、育て方などの栽培
の基本をご紹介しています。
Chapter 2では、オージープラン
ツをとり入れた最新のガーデン実例
を掲載しています。
Chapter 3は、オージープランツ
を使ったクラフトや簡単なメニュー
などを展開しました。
Chapter 4はおすすめのオージープ
ランツの主なデータ、特徴と育て方
のヒントをご紹介しました。なお、科
名などは分類生物学の成果をとり
入れたAPG体系に準拠しています。

＊植物データについては、関東平野部
以西を基準にしています。

オージープランツ
を育てる

オーストラリア原産の植物というと、

育てるのが難しいと

思い込んでいませんか。

いくつかのポイントを押さえれば大丈夫。

だれでもすくすくと育てられます。

オージープランツ（Aussie plants）とは？

オーストラリアでは、「オーストラリア人」や「オーストラリアの」というときに「オーストラリアン」ではなく、親しみを込めて「オージー（Aussie）」と呼びます。それで、オーストラリア原産の植物たちは、オージープランツと呼ばれているのです。ユニークなフォルムや独特の質感がある葉や花は、自然が創造したアートのよう。中にはミモザの愛称で親しまれるアカシアの仲間のように、すでにおなじみのものもあり、「え？ これもオージープランツだったの？」と驚くかもしれません。

本書ではオーストラリア原産の植物を中心に、生育環境が似ていて同様に育てられるニュージーランドや南アフリカ原産のワイルドプランツの一部を加えてご紹介します。

8

9 10

11

1 グレビレア	8 アカシア（ミモザ）
2 カンガルーポー	9 ウエストリンギア
3 ダンピエラ	10 ボロニア
4 ユーカリ	11 カリステモン
5 エレモフィラ	12 バンクシア
6 フランネルフラワー	13 ピメレア
7 レプトスペルマム	14 メラレウカ

12 13 14

オージープランツを植えてみよう

育てやすいオージープランツを選び、管理しやすい鉢植えにしてみましょう。植えつけ方のポイントもご紹介します。

植えつけ方
Point

1. リン酸分の含まれた肥料は用土に入れない

原生地の土壌にほとんどリン酸分が含まれていないため、日本で流通する一般的な肥料を使うとリン酸分が効きすぎて株が傷んでしまうことがあります。肥料はまったく入れないか、リン酸分の含まれていないものを選びましょう。

2. 植えつけ・植えかえで根鉢をくずさない

オージープランツの多くは、やせていて肥料分が少ない土から養分をとり込める細くて密集した根をもちます。そのため、根鉢をくずして植えつけると、この細い根を傷めてしまいます。根鉢はくずさずに作業しましょう。

育てやすく花つきもよい
グレビレア'ピグミーダンサー'

コンパクトな低木で自然に姿が整う。花つきがよく、冬から春まで半年近い長期間かわいい花が咲く。庭植えにもできるが、寒さにやや弱いので鉢植えがおすすめ。

用土は無肥料のものを！

● 用意するもの

鉢（直径30cm、高さ21cm）、
鉢底ネット、土入れ、
培養土（無肥料）、パーライト

苗／グレビレア 'ピグミーダンサー '
　　（4.5号苗）を1ポット

How to make

鉢底の大きさに合わせて鉢底ネットを切り、底穴の上に敷く。オージープランツは過湿が苦手なので、水はけをよくするために鉢の深さの⅓くらいまでパーライトを入れる。

1の上から深さ½くらいまで肥料分が入っていない培養土を入れる。ピートモスが多くて水はけの悪い培養土の場合は、鹿沼土を2〜3割混ぜて使う。

根を傷めないように！

ビニールポットから根鉢を静かに抜く。ポットから抜きにくいときは、ポットをハサミで切るか、ポットの外側から根鉢を軽くたたいてゆるめる。

花や葉がきれいに見えるように！

2の中に3を据え、枝ぶりや花の向きを見ながら正面になる位置を決める。

約2cm

ここがウオータースペースになる

根鉢の表面が鉢の縁から2cmくらい下がった位置になるように合わせ、培養土を足し入れる。

[その後の管理]

植えつけ後は鉢底から水が流れ出るまでたっぷり水やりして完成。日当たりのよい場所に置き、水やりは用土が乾いてからたっぷりと与えるとよい。常に湿った状態にしないように、用土が乾いてから水を与えるのがコツ。

オージープランツの鉢植え

質感のあるシルバーリーフや、シックなダークカラーの葉や花などが魅力の
オージープランツは、おしゃれな鉢に植えるだけで庭やベランダのポイントになります。

はじめてのひと鉢に
ウエストリンギアを

常緑で明るく細かいシル
バーリーフがきれいなウ
エストリンギアは、丈夫
で育てやすいおすすめ
のオージープランツ。自
然に樹形が整うので手
間もかからず、春から
秋まで淡いブルーの花
が咲きます。

春の実例

シックでおしゃれな
ガストロロビウム'ブラックルビー'

早春から初夏までの長期間、小さな黒い花
を咲かせます。葉がシルバーグリーンでブッ
シュ状に整う株姿も観賞価値があります。質
感のある鉢に植えて庭やベランダのポイント
に置くのにぴったりです。

鉢植えでコンパクトに育てる
ギンヨウアカシア
'レッドクリスタル'

庭に直接植えると草丈が伸びる
ギンヨウアカシアも、鉢植えなら
コンパクトに育てられます。'レッ
ドクリスタル'は秋から枝の先端
が紫色になり、新芽が赤くなって
シルバーリーフに映えます。早春
の黄色い花もきれいです。

秋の実例

カラーリーフが楽しめる
アデナントス・クネータス
'バスケットフラワー'

切れ込みのある逆三角形のシルバーリーフ
が低くまとまる印象的な株姿。秋に葉の先
端が紫色になるのも魅力です。日本の梅雨
が苦手で乾燥ぎみを好むため、鉢植えで楽
しむのに向いています。

13

オージープランツを寄せ鉢スタイルに

オージープランツの鉢植えやポット苗を使って、はじめての人でも育てやすくて見ばえもよい、寄せ鉢スタイルにしてみましょう。ここでは入手しやすくて鉢植え向きのエレモフィラ・ニベアを主役の鉢植えにして、ポット苗を組み合わせた寄せ鉢スタイルの作り方をご紹介します。置き場所は日当たりと水はけ、風通しのよい場所が理想です。

エレモフィラのシルバーリーフと
ボロニアのピンクの花を印象的に

シルバーリーフが美しいエレモフィラと鉢の色みを合わせ、動きと変化を出すために銅葉のユーカリを配置。秋〜春におすすめです。淡いピンクのアークトチスをポイントに、ボロニアのピンクの花が引き立つように合わせました。

主役のエレモフィラは、10ページを参考に鉢植えにしておく＆用土の表面にパーライトを敷いておく。

●用意するもの

鉢（直径24cm、高さ26cm）、
鉢底ネット、パーライト、土入れ

苗／エレモフィラ・ニベアを
　　4.5号鉢に植えたもの：1鉢
　　ボロニア・ピナータ、
　　アークトチス‘プルミエ’：3.5号ポット各1個
　　ユーカリ‘ブラックテイル’：3号ポット2個

Ⓐ エレモフィラ・ニベア
Ⓑ ユーカリ‘ブラックテイル’
Ⓒ アークトチス‘プルミエ’
Ⓓ ボロニア・ピナータ

鉢のサイズ／直径24cm、高さ26cm

◯…鉢植えにする主役のオージープランツ
◯…オージープランツ

How to make

1 鉢底の大きさに合わせて鉢底ネットを切り、底穴の上に敷く。

2 パーライトを1の上から深さ¼くらいまで足し入れる。

3 2の上に配置図を参考にしてエレモフィラを鉢ごと配置し、エレモフィラの鉢植えが鉢の縁から2〜3cm低くなるようにし、枝ぶりや向きも調整する。

4 3の中に少しパーライトを足して中の鉢を固定してから、配置図を参考にしてユーカリの苗をポットのまま設置する。

5 ユーカリの右側にボロニアの苗をポットのまま配置する。高さが合わないときはパーライトを増減して調節する。

6 アークトチスをポットのまま、エレモフィラとユーカリの手前に配置する。

7 花が正面からきれいに見えるように、アークトチスの花の向きやボロニアの株の向きを調節する。

8 鉢と苗の隙間にパーライトを足し入れ、上から見たときにポットや鉢が目立たないようにする。

9 それぞれの鉢やポットの株元の用土に水を与えたら完成。そのまま半年ほど楽しめる。

オージープランツの寄せ鉢スタイル実例

あらかじめ主役の苗を鉢植えにしておくか、大きめの鉢植えを利用すれば、いつでも華やかな演出を楽しめるのが、「寄せ鉢スタイル」の魅力です。季節の花苗を組み合わせるのがおすすめです。

秋〜春の実例

横長のコンテナに、ボリュームのあるフランネルフラワーやピティロディアを

花茎が長くてふわふわの花がきれいなフランネルフラワーにレースラベンダーを合わせて、風にそよぐ感じをイメージしました。全体にボリューム感を出すため、シルバーリーフが美しくて枝数の多いピティロディアを合わせました。ポイントに、シルバーがかった花色のオステオスペルマムを入れています。

初夏〜秋の実例

← 16ページの配置図

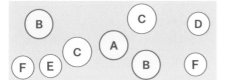

Ⓐ フランネルフラワー 'リトルエンジェル '

Ⓑ ピティロディア 'フェアリーピンク '

Ⓒ レースラベンダー 'ミンティーアイス '

Ⓓ オステオスペルマム 'バイオレットアイス '

Ⓔ オステオスペルマム 'シルバーナイト '

Ⓕ シレネ・ユニフローラ 'バリエガータ '

鉢のサイズ／59㎝×23㎝、高さ25㎝

◯…鉢植えにする主役のオージープランツ

ピンクの花がかわいいグレビレアに
華やかな移り咲きのゼラニウムを

細かい葉と小さなピンクの花がかわいいグレビレアに、白から濃いピンクへ移り咲くゼラニウムを合わせました。ダイナミックな枝ぶりを印象的に見せるため、シャープな葉のコルジリネをプラスして、お互いに引き立て合うようにしています。

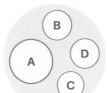

Ⓐ グレビレア 'ハニージョー '

Ⓑ バーケア・リニフォリア

Ⓒ ゼラニウム 'ホワイトトゥーローズ '

Ⓓ コルジリネ・オーストラリス 'レッドスター '

鉢のサイズ／直径40㎝、高さ38㎝

◯…鉢植えにする主役のオージープランツ

◯…オージープランツ

17

オージープランツで寄せ植えを作る

育てやすいオージープランツと、生育パターンが似ている南アフリカ原産のリューカデンドロンに、入手しやすい草花を組み合わせて、おしゃれな寄せ植えを作ってみましょう。葉色や質感がきれいなので長期間楽しめます。

A　C

B　D

Ⓐ コロキア・バリエガータ
Ⓑ ポーチュラカ 'カンピーノ'
Ⓒ リューカデンドロン 'ストロベリーフェア'
Ⓓ ベアグラス

鉢のサイズ／直径30cm、高さ21cm

◯…オージープランツ

●用意するもの

鉢（直径30cm、高さ21cm）、
鉢底ネット、水ごけ、土入れ、
培養土（無肥料）、パーライト：適量

苗／コロキア・バリエガータ、
　　ポーチュラカ 'カンピーノ'、
　　リューカデンドロン
　　　'ストロベリーフェア'、
　　ベアグラス：各1ポット

How to make

① 鉢底穴の大きさに合わせて鉢底ネットを切り、鉢底穴の上に敷く。

② オージープランツは過湿に弱いので、水はけをよくするために鉢の深さの⅓くらいまでパーライトを入れる。

③ 2の上から深さ½くらいまで培養土を入れる。ピートモスが多くて水はけの悪い培養土の場合は、鹿沼土を適宜混ぜて使う。

④ 根鉢のいちばん大きなリューカデンドロンをポットから抜き、根鉢の高さに合わせて培養土の深さを確認する。

⑤ リューカデンドロンの根鉢が、鉢の縁から2cmくらい下がるように深さを調節し、鉢と根鉢の隙間に培養土を少し入れる。

⑥ ほかの苗もポットから抜き、配置する。苗の高さがそろわない場合は、苗の根鉢の下に培養土を入れて調整する。

⑦ 苗と鉢の間や苗と苗の間に隙間なく培養土を入れる。鉢の縁から3～4cmのウオータースペースを確保しておく。

> 水ごけが多すぎると株元が蒸れるので、薄く詰める。

⑧ 夏場の水ぎれを防ぐために、7の株元に1～2cmの厚さに湿らせた水ごけを敷く。水ごけは水に浸してから水気を絞って使う。

⑨ 鉢底から水が流れ出るまでたっぷり水やりして完成。水やりは培養土が乾いたらたっぷりと与える。

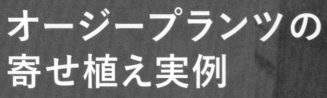

オージープランツの寄せ植え実例

花や葉がきれいなオージープランツと
季節の草花を組み合わせた寄せ植えをご紹介します。

初夏〜夏の実例

◯…オージープランツ

ライスフラワーに、斑入りの
ワイヤープランツがよく似合う

乾燥に強く、花がかわいいライスフラワーと、
動きのあるワイヤープランツの斑入り種は色
調がぴったり。乾燥に強いユーフォルビアと
ヘリクリサムを合わせて。

Ⓐ ライスフラワー
Ⓑ ヘリクリサム‘ティアンスカニクム’
Ⓒ ユーフォルビア‘ダイアモンドフロスト’
Ⓓ ワイヤープランツ‘スポットライト’

鉢のサイズ／直径21cm、高さ27cm

フランネルフラワーの質感を
さわやかな葉ものが引き立てる

マットな質感をもつフランネルフラワーを、ウ
エストリンギアの細かい葉やコロキアのつや
やかな葉、葉脈が美しいヒューケラの葉が引
き立てています。

Ⓐ ウエストリンギア‘モーニングライト’
Ⓑ コロキア・バリエガータ
Ⓒ フランネルフラワー‘フェアリーホワイト’
Ⓓ ヒューケラ‘エレクトラ’

鉢のサイズ／直径24cm、高さ32cm

ペラルゴニウムの白い小花を
明暗2タイプの葉ものに合わせて

小花が次々と咲くペラルゴニウム・オーストラーレに、銅葉で斑入りのコプロスマと明るい黄色のメキシコマンネングサを組み合わせ、白い小花を印象的に。

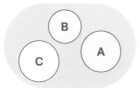

Ⓐ ペラルゴニウム・オーストラーレ
Ⓑ コプロスマ 'レインボーサプライズ '
Ⓒ メキシコマンネングサ
鉢のサイズ／36㎝×22.5㎝、高さ18㎝

丸い葉が風にそよぐ
さわやかな色調の寄せ植え

風にそよぐユーカリ・ポポラスの丸い葉が主役。エレモフィラ・ニベアのシルバーリーフ、メラレウカ'レボリューションゴールド'で、さわやかな色調に。

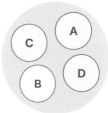

Ⓐ ユーカリ・ポポラス
Ⓑ センニチコウ '千夏 '
Ⓒ エレモフィラ・ニベア
Ⓓ メラレウカ 'レボリューションゴールド '
鉢のサイズ／直径21㎝、高さ25㎝

21

○…オージープランツ

ブラキカムの可憐な花に
シルバーリーフを合わせて

日本でもおなじみのブラキカムは、オージープランツのひとつ。草丈が低めのブラキカム、シルバーリーフのウエストリンギアやヘリクリサムに動きを出すため、少し高さのあるフェバリウムを合わせ、立体感を出しました。

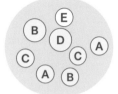

Ⓐ ブラキカム'ブラスコ'
Ⓑ ウエストリンギア'スモーキーホワイト'
Ⓒ ヘリクリサム
Ⓓ フェバリウム'ゴールデングロー'
Ⓔ ネメシア'ミステリックブルー'

バスケットのサイズ／30㎝×26㎝、高さ13㎝

グレビレアとリューカデンドロンを
白い花でさわやかに

グレビレアとリューカデンドロンの細い葉を際立たせるために、広い葉が印象的なヒューケラを合わせています。淡い色の鉢と調和するように白い花のハナカンザシとブラキカムを手前に配置し、さわやかにまとめています。

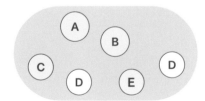

Ⓐ グレビレア'ジュビリー'
Ⓑ リューカデンドロン'ストロベリーフェア'
Ⓒ ハナカンザシ
Ⓓ ヒューケラ'リップスティック'
Ⓔ ブラキカム'スープリームホワイト'

鉢のサイズ／36㎝×18㎝、高さ20㎝

明るい黄色の花と葉色で
バーケアの紫色の葉を引き立てる

チェイランサスの花とヒューケラの葉色を黄色系でそろえ、対照的なバーケア・リニフォリアの赤紫色の葉を目立たせました。ワックスフラワーの繊細な葉とピンクの花が、全体をつないでふんわりと調和させています。

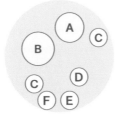

Ⓐ バーケア・リニフォリア
Ⓑ ワックスフラワー
Ⓒ チェイランサス 'シュガーラッシュ プリムローズ'
Ⓓ ビオラ '華あられ'
Ⓔ ヒューケラ 'レックスライム'
Ⓕ ヘデラ 'れいわ'

鉢のサイズ／直径36cm、高さ28cm

銅葉のレプトスペルマムに
ピンクの花とカラーリーフが映える

レプトスペルマム'ナニュームルブルム'の繊細でシックな銅葉を引き立たせるために、明るめのピンクの花のジニアや斑入りのポーチュラカ、シルバーリーフのウエストリンギアを合わせました。長期間楽しめるのも魅力です。

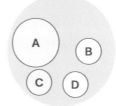

Ⓐ レプトスペルマム 'ナニュームルブルム'
Ⓑ ジニア 'ザハラ'
Ⓒ ウエストリンギア 'スモーキーホワイト'
Ⓓ ポーチュラカ '華ミステリア'

鉢のサイズ／直径20cm、高さ18cm

23

オージープランツの庭植え

関東平野部以西の温暖な地域なら、オージープランツの中でも丈夫で比較的耐寒性のある種類を選べば、庭で育てられます。はじめての人でも育てやすい、ウエストリンギアの庭植えをご紹介します。庭植えにするなら、5号以上のしっかり育った苗がよいでしょう。日当たりと水はけ、風通しのよい場所が理想です。

Before

半日以上日が当たる板塀の前。一面に雑草が生えている。

After

ウエストリンギアを植えつけ終わったところ。
シルバーリーフが板塀に映えて明るくおしゃれな印象になった。

●用意するもの
培養土（無肥料）、スコップ、土入れ、
鉢底石（パーライトの大粒）、
もみ殻くん炭、鹿沼土（中粒〜大粒）、ジョウロ
苗／ウエストリンギア（6号苗）

How to make

① 植えつける場所の雑草を根から抜きとり、表面を平らにならす。

苗の根鉢より、ひと回り以上大きな穴に

② スコップで、直径30cm以上で植えつける苗の根鉢よりも5〜10cm以上深い植え穴を掘る。

③ 穴の底に深さ1〜2cmくらいの鉢底石を敷き、平らにならす。

24

無肥料の培養土：鹿沼土：もみ殻くん炭が10：3：1となるように鹿沼土ともみ殻くん炭を足し入れる。

4を均一になるまでよく混ぜる。

3の上から深さ3〜5cm分くらい5の用土を入れる。

穴に入れた用土の表面を軽く平らにならす。

根鉢を崩さないのがポイント

ポットから静かに苗を引き抜く。このとき、苗の根鉢は崩さない。

苗の株姿や向きを見ながら、8の苗を7の中に配置する。

根鉢と土の高さをそろえて

植え穴と苗の隙間に土入れで5の用土を足し入れる。

苗の根鉢を周囲から押さえて、根鉢と用土をなじませる。

2〜3回に分けてたっぷり水やりする。

オージープランツで花壇を作る

オージープランツを主役にした小さな花壇を作ってみましょう。春から初夏に行うのが最適ですが、盛夏と冬を除けばいつでも植えつけられます。

Before

After

花壇のサイズ／240cm×60cm

◯…オージープランツ

Ⓐ ユーカリ・ポポラス

Ⓑ アカシア・ブルーブッシュ

Ⓒ エリオステモン 'プロファッション'

Ⓓ ウエストリンギア

Ⓔ リューカデンドロン 'ケープスパイス'

Ⓕ グレビレア 'カーペットクイーン'

Ⓖ フェスツカ・グラウカ 'インテンスブルー'

Ⓗ カレックス・オシメンシス 'エヴァリロ'

Ⓘ メキシコマンネングサ

Ⓙ リューカデンドロン 'オーラックスブロンズヘイズ'

Ⓚ フランネルフラワー 'フェアリーホワイト'

Ⓛ プチロータス 'ジョーイ'

Ⓜ ユーフォルビア 'ダイアモンドフロスト'

●用意するもの
培養土（無肥料）、スコップ、
移植ゴテ、棒、あれば角材

苗／ユーカリ・ポポラス、アカシア・ブルーブッシュ、
　　　エリオステモン 'プロファッション '、
　　　ウエストリンギア
　　　カレックス・オシメンシス 'エヴァリロ '、
　　　リューカデンドロン 'オーラックスブロンズヘイズ '：各1株、
　　　リューカデンドロン 'ケープスパイス '、
　　　グレビレア 'カーペットクイーン '、
　　　フェスツカ・グラウカ 'インテンスブルー '、
　　　メキシコマンネングサ、
　　　ユーフォルビア 'ダイアモンドフロスト '：各2株
　　　フランネルフラワー 'フェアリーホワイト '、
　　　プチロータス 'ジョーイ '：各3株

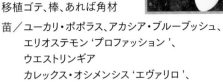

How to make

① あらかじめ雑草を抜き、小石やがれきをとり除いてから深さ30〜40cmまで土をスコップで耕す。

② がれきなどをとり除いて土が減った場合は培養土を足し、角材などで表面の土を平らにならす。

③ 苗を仮置きして間隔や全体のバランスを確認する。奥に大きな苗を、手前に小さな苗を配置する。

④ いちばん根鉢が大きな苗から植えつける。スコップで根鉢より深くて大きな植え穴を掘る。

⑤ 株の向きを確認しながら根鉢を掘った植え穴におさめる。植え穴が浅い場合は掘り直す。

⑥ 根鉢の周囲の土を棒でよく突き、根鉢と土をなじませて固定する。一周ぐるっと行う。

土の中に隙間ができないようにする

⑦ 棒で突いて土がへこんだところに培養土を足し、さらに上から棒でよく突く。

⑧ 手前に配置する小さな苗を移植ゴテで植えつけていく。

⑨ ポイントになる花が咲いている苗を植えつける。

⑩ 株元にたっぷりと水やりして完成。水は表面だけでなく、花壇の土の中にしみわたるように。

栽培のポイントと
夏越し&冬越し

オージープランツの故郷、オーストラリアと日本の気候には違いがあるため、日本で育てるためにはいくつかのポイントを知っておくことが大切です。これさえ知っていれば、オージープランツがもっと身近になります。

オージープランツは根を傷めない

オージープランツの中でバンクシア、グレビレア、また南アフリカ原産のリューカデンドロンやプロテアなど、「ヤマモガシ科」の植物は写真のようなクラスター根（プロテオイド根）という、小さなブラシのように毛細根が密集した根系をもっています。細かい根が密集しているため傷つきやすく、切れたり傷むと株が調子を崩して枯れてしまうことがあります。

また、このクラスター根は、肥料分の少ない土から養分（特にリン酸分）を効率よく吸収するための仕組みなので、ほかの植物と同じように肥料を与えると吸収しすぎてしまい、肥料過多で枯れることがあります。

一般に販売されている肥料は、リン酸分が多く配合されているものが多いので、肥料はまったく与えないか、リン酸分が入っていない肥料をおすすめします。

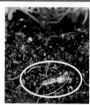

細くて細かい根がブラシ状に集まったクラスター根（プロテオイド根）。

グレビレアやバンクシアなどの「ヤマモガシ科」の植物は要注意。植えつけや植えかえの際に、根鉢は崩さず、できるだけ傷めないのがポイント。

用土と植えつけのポイント

手軽に植えつけられる用土を作るコツは、「市販の無肥料の培養土」を選ぶこと。パッケージを確認して、肥料が入っていないものを使います。さらに日本はオーストラリアよりも多くの雨が降ります。原生地より水分が多いため、用土は水はけをよくしたものを使いましょう。

また、水はけを向上させるために、下にパーライトを敷き、根腐れを防ぎます。

すぐにできるおすすめの用土
無肥料の培養土：鹿沼土：もみ殻くん炭10:3:1
これをよく混ぜて植えつける。

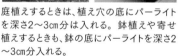

庭植えするときは、植え穴の底にパーライトを深さ2〜3cm分は入れる。鉢植えや寄せ植えするときも、鉢の底にパーライトを深さ2〜3cm分入れる。

水やりのコツ

日本はオーストラリアの2.3倍以上の雨が降るため、基本的に庭植えは根づいたら水やりはしなくて大丈夫です。また、乾燥が続いて水を与える場合は、一般の植物よりもさらに乾いてから与えるか、水の量を控えめにします。

鉢植えの場合は、表面の土が乾いて数日たってから与えるようにします。

湿ったままにすると、根腐れを起こしますので注意しましょう。

夏越しのコツ

日本の夏はオーストラリアよりも昼間気温で5度程度、夜間では10度くらい高く、オージープランツたちにとってはとても暑い環境です。ちなみに冬は日本のほうが昼間でも夜間でも5〜8度低く、寒い環境といえます。

そのため夏でも冬でも傷んでしまうことがあります。冬は室内で保護するなどの方法もありますが、夏を涼しくするのは大変です。できるだけ水はけや風通しのよい場所に植えるか、鉢植えは涼しい半日陰の台の上に置くなどの工夫をしてあげましょう。

土を高く盛り上げた場所に植え、水はけと周囲からの風通しをよくする。

鉢植えは、明るい半日陰で風通しのよい台の上などに置く。

寒さ対策

オージープランツの故郷は日本よりもやや暖かいため、冬の寒さに弱いものもあります。耐寒性や美観を保つために、植物の種類に合った防寒対策をしましょう。

寒さに強いが葉が広がるタイプ

コルジリネやニューサイランのような、マイナス3〜4度くらいまでは耐え、大きくて長い葉が広がるタイプの植物は、寒さや冷たい北風で葉の縁や先端が傷むことがあります。厳寒期（1〜2月）に葉を保護する方法をご紹介します。

●用意するもの
麻ひも、
葉が大きく広がっている
コルジリネ・オーストラリス
'レッドスター'

株元のほうで外側から麻ひもで5回くらい葉を巻き、少しずつ上方へ麻ひもをずらして上げていく。

全体の½より少し上の位置で麻ひもを結んで、すべての葉を閉じるようにする。このまま春まで寒風が当たらない場所に置く。用土が乾いたら、ときどき水を与える。

寒さにやや耐えられるタイプ

屋外で育てられても、マイナス5度より寒くなったり、長期間霜が降りたままになると傷むことがあるタイプは、株元を防寒するだけで冬を越しやすくなります。11〜3月まで手軽に対策できる方法です。

●用意するもの
バークチップ、土入れ、
グレビレア
'ピグミーダンサー'
の鉢植え

株元の用土の上に、土入れで厚さ2cmくらいにバークチップを敷き詰める。

水やりでバークチップが動かないように、上から軽く押さえて平らにする。雨が当たらない、日当たりがよくて暖かい場所に置く。手で土を触って、乾いていたら水やりする。

寒さに弱いタイプ

寒さに弱く、適した防寒対策をしないと傷んでしまうタイプは、鉢植えにして屋内の日当たりのよい場所に移動するとよいでしょう。屋外に置く場合は、冬の間（11〜3月）に不織布などで包みます。

●用意するもの
不織布、支柱3本、
麻ひも、クリップ、
リューカデンドロン
'サマーサン'の鉢植え

鉢の縁側に、植物の根を傷めないように注意して支柱を3本立て、中央で束ねる。

支柱を麻ひもで縛って固定し、外側から鉢ごと不織布を2重に巻く。不織布の上からクリップで鉢や支柱を挟み、動かないように固定する。日当たりがよく、雨の当たらない軒下などで管理し、ときどき不織布をはずして様子を見ながら、用土に水を与える。

間引き剪定と収穫

グレビレアやメラレウカなどの細かい枝や葉が密に茂るものは、伸びすぎたと思ったら、収穫を兼ねてこまめに先端を切り戻したり、混み合った部分をすかしたり、傷んで枯れた樹冠内部の枝を見つけしだい切り落とします。切った枝は、切り花として楽しみましょう。

混み合った枝は、分枝しているつけ根で切り落とす。

たくさん花が咲いた場合も、咲かせすぎずに収穫を兼ねて切り、切った枝は室内で利用する。

Before

After

大きく伸びやすい木の剪定

ユーカリやアカシアなど、根づいてからは急に成長し、あっという間に伸びすぎてしまうことがあります。基本は花後に全体の約⅓を切ってコンパクトにしますが、6号以下の開花前の苗でも、1年に1度は剪定しましょう。剪定は毎年行い、伸ばしすぎないことがポイントです。

1 剪定は上の枝から下に向かって行う。まず、枝分かれしているいちばん上のところで、細い枝を残して太い枝を切り落とす。

2 頂部の枝が⅓くらいまで減った。このイメージで下の枝も切っていく。

3 横に伸びた枝のうち、長く太く伸びている枝をつけ根で切り落とす。この横に伸びている枝の⅓を残すイメージ。

4 残った枝のうち、横に長く伸びているものや樹冠の内側に向かって伸びている枝を½くらいまで切る。

5 頂部を含めて残っている枝を確認し、伸びすぎている枝を透かすようにつけ根から切る。すっきりと樹形が整い、全体の約⅓が残れば完成。

Chapter 2

オージープランツ
のガーデン実例

オージープランツをとり入れ
きれいな葉やかわいい花を
効果的に見せている
庭の実例をご紹介します。
葉色や質感が美しい種類が多いので、
四季を通じて個性豊かな姿を楽しめます。

エキゾチックな
ドライガーデン

千葉県千葉市中央区　M邸

建物の周囲をとり囲み
植物の個性と美しさが際立つ庭

　色鮮やかなカラーリーフが建物を囲むように植えられた、オープン外構が美しいM邸の庭。コンパクトなテラス側のスペースは午前中だけ日が当たるため、斑入りのウエストリンギアをとり入れ、ポイントにリューカデンドロンを植えて、半日陰でもよく育つヒューケラやリシマキアなどのカラーリーフが美しい下草を組み合わせています。

　道路に面した南西のスペースは、下に砂利を敷いて流木をバランスよく配置したドライガーデン風の植栽。ひとつひとつの植物の個性がわかるようにのびのびと植えられていて、小さな植物園のようです。

テラス側のスペースの全景。建物をとり囲むようにカラーリーフがきれいな植物が彩りよく茂り、花がなくても一年中、美しい葉色を楽しめる。ウエストリンギアやヒューケラなどは乾燥ぎみでもよく育つので、一度根づけばローメンテナンスで育てられる。

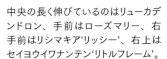

中央の長く伸びているのはリューカデンドロン、手前はローズマリー、右手前はリシマキア'リッシー'、右上はセイヨウイワナンテン'リトルフレーム'。

シルバーグリーンの葉が美しいオージープランツ、ウエストリンギアの斑入り種（中央）。左はプリペット'レモンライム'、右は斑入りギンバイカ。

右から繰り返し植えられている青みがかった雄大なロゼット形の植物はアガベ・アテナータ。ブロンズ色でシャープな葉はニューサイラン'プルプレア'、中央のシルバーリーフはツリージャーマンダー。それぞれの植物がのびのびと植えられている。

左下にモコモコとまとまっているのはグレビレア・ラニゲラ、縦に細長いシルバーリーフはグレビレア'エンドリチェリアナ'。暗紫色のカバープランツはセダム'ドラゴンズブラッド'、右側のモフモフとした先端が淡い色の葉はアデナントス・ウーリーブッシュ。

右端の雄大な姿の植物は株元の膨らみが魅力的なトックリラン。斑入り葉が特徴的なアガベ'五色万代'、赤紫の葉がきれいなドラセナ'レッドスター'など。ナチュラルな砂利を敷いて流木をアクセントに。

和の庭と融合した
モダンなガーデン

千葉県千葉市中央区　S邸

受け継いだ伝統的な庭を
オージープランツやハーブでリフォーム

　丹念に手入れされた、伝統的な和の庭のある邸宅を前オーナーから受け継いだSさん。よく植物を買いに行っていた「ザ・ファーム・ユニバーサル千葉」のガーデナーにアドバイスを受けて下草や低木の一部を抜き、オージープランツやハーブ、カラーリーフの宿根草を加えてリフォームしました。

　風格ある庭石や仕立てがみごとなマツの古木は残し、ハーブの周りには水はけがよいロックガーデン調の花壇やレンガの小道を設置。葉が美しいギンヨウアカシアなどを植えつけ、マツの周囲にはヒューケラやクリスマスローズを植え、和モダンな庭に変わりました。

ギンヨウアカシアがとても気に入ったので、新たに苗を買って植えつけた。右の花壇は一段高くなっているため、日当たりと水はけがよい場所を好むラベンダー'グロッソ'（右）が大株に育っている。

既存の庭石を組み上げてロックガーデン風に。風通しと水はけがよくなったため、料理やポプリなどに利用できるハーブのタイムを数種類植えて、暮らしに役立てている。

ギンヨウアカシアの株元には、クリスマスローズや黄金葉のロニセラ、低木のウエストリンギア、右にアカシア・ブルーブッシュを植え、グラウンドカバーのリシマキア・ヌンムラリア'オーレア'が黄緑色の丸い葉を伸ばしている。

オージープランツとハーブを植えて、明るくさわやかな印象になった。角に植えた高木はギンヨウアカシア、右奥がアカシア・ブルーブッシュ。左手前はラベンダー'グロッソ'、黄色い花と葉はユーフォルビア、シルバーの低木はツリージャーマンダー。レンガの小道は新設したもの。

樹齢を重ねたマツの古木の株元は、葉色が鮮やかなヒューケラを数種類まとめて植栽。半日陰を好むクリスマスローズと合わせてモダンな印象に。

カラーリーフで
包まれた庭

千葉県習志野市　A邸

オージープランツを中心に
草花や既存樹を生かしてリフォーム

　建物をとり囲む5つのコーナーガーデンを、すべてオージープランツが主役の庭にリフォームしたA邸。

　特にお気に入りの主庭部は、デッキテラスをとり除いてリビングから続くタイルのテラスにし、周囲に白いフェンスを設置してオージープランツのドライガーデンに。ユーカリ・ポポラスやアカシア・オーブンズ、カリステモンなどがスクリーン状に植えられ、テラスに立つと緑に包まれているようです。隣家との境には白いフェンスを設置したので、オージープランツの葉色が映えるだけでなく、お子さんが庭で気兼ねなく遊べるようになったそうです。

玄関前のフロントガーデンは、既存のヤマボウシを生かし、グレビレアなどのオージープランツと草花を加えた。

アプローチガーデンはオリーブの木を生かし、ライスフラワーにフウチソウやヒューケラを合わせ、流木をアクセントにしている。

正面から見たボーダーガーデン。左にウエストリンギアやパール・アカシア、黄金葉のハゴロモジャスミンなどがガイラルディア'グレープセンセーション'などと組み合わせて植えられている。

タイルのテラスの周囲に、スクリーン状に植えられたオージープランツたち。左からカリステモン'ピンクシャンパン'、ユーカリ・ポポラス、アカシア・オーブンズなど。

テラスガーデンのコーナー部分は、アカシア・オーブンズ、その右に暗紫色のコルジリネ・オーストラリス'レッドスター'、ライムグリーンの葉のメラレウカ'レボリューションゴールド'。

躍動感あふれる
ロックガーデン

千葉県千葉市花見川区　K邸

花壇状の植栽帯を設けて
迫力ある植物で原生地風に

　建物の前に作られた、化粧ブロックで囲まれた花壇状の植栽帯に、雄大な原生地を思わせるロックガーデンが目を引きます。シルバーブルーの細長い葉を大きく広げるユッカ・ロストラータや、年数を経て木のように高く伸びたコルジリネ・オーストラリス'レッドスター'、ゆうゆうと伸びてスパイク状の花をつけるバンクシアなど、見ごとな大株のオージープランツやエキゾチックプランツがバランスよく植えられています。

　アガベや柱サボテンなどは鉢植えにして配置されているものもあり、庭のアクセントになっています。

左手前には、砕石で囲まれたスペースにエケベリアやセダムなどの多肉植物を植えた。アガベの近くに岩を置いたりブリキのジョウロやアンティークの缶を使って多肉植物を植えて、楽しい雰囲気を演出している。

中央手前の鉢植えはアガベ・ロマニー。左上の斑入り葉はアガベ・アメリカーナ。原生地風の庭には、形が整ったネイティブプランツがよく似合う。

大株に成長して長い葉を扇状に広げているニューサイラン。2〜3株をまとめて植えると、より迫力が増す。

右手前でオレンジ色のつぼみをつけているのは、リュウゼツランの仲間のヘスペラロエ・パルピフローラ、暗紫色の多肉植物はアエオニウム‘黒法師’、中央手前の鉢植えになっているのはアガベ・ロマニー、斑入り葉のアガベ・アメリカーナなど。

淡い黄色でスパイク状の花をつけるコースト・バンクシアのつぼみ。コースト・バンクシアは育てやすくて花が咲きやすい。

ダークグレーのデザイナーズ住宅の正面に、植栽スペースがある。部屋の中からも植物がよく見え、出入りの際にも植物の様子が見られる。この庭ができてから、家への出入りが楽しくなったそう。

個性が際立つ
ドライガーデン

千葉県千葉市若葉区　Y邸

既存の生垣を撤去して
リゾート風のドライガーデンに

　隣家との境界に生えていた、まばらな生垣を一掃し、オージープランツを生かしたリゾート風のドライガーデンにリフォームしたY邸。白いフェンスを新設し、その手前に芝生との境界を区切って葉色がカラフルなオージープランツを植え、大きめの岩や流木をアクセントに配置。イメージ以上の明るく元気が出る庭に変わりました。

　以前はあまり庭を見たくなかったほどでしたが、リフォームしてからは庭に出るのが楽しくなったほど、庭に対する意識が変わりました。部屋のカーテンをあけて過ごし、家族で庭を見ながらくつろぐ時間がふえたそうです。

左の低木はオリーブ'エルグレコ'、その左手前に低く茂るグレビレア・ラニゲラ。中央の暗紫色の細長い葉はニューサイラン'プルプレア'、手前に垂れて伸びる斑入りツルマサキ、右奥がアジサイ'レボリューション'、右手前がフウチソウ。

門柱の横のマホニア・コンフューサの株元に、ポイントとして植えたコルジリネ・オーストラリス'レッドスター'。左の細い斑入りの葉はカレックス'エベレスト'、右は黄色の斑が入るアベリア。

シャープな長い葉にすっきりした白い斑が入り、株の中心部がほんのりピンクに染まったコルジリネ・オーストラリスの斑入り種。周囲に砕石を置くと、より印象的に。

正面から見た前庭の全景。オージープランツや庭木、カラーリーフプランツが彩り豊かに植えられている。

主庭の中央に植えられた高い木は、毎年ピンクの花がたくさん咲くギョリュウバイ。手前は細いピンクの葉のコルジリネ、青みを帯びたシャープなロゼット形の株はユッカ・グロリオサ。白いフェンスの前にリゾート風のガーデンが広がる。

美しい黄緑色の細い葉は、メラレウカ'レボリューションゴールド'。オージープランツの中では水が好きなので、春から夏は極端な乾燥に気をつける。

左は青みがかった葉のニオイシュロラン、繊細な緑の葉はアカシア'フェニックスゴールド'、上に向かって伸びるリューカデンドロン、暗紫色の葉が美しいコルジリネ・オーストラリス'レッドスター'。中央手前は斑入りのアガベ・アメリカーナ。

ガーデンシェッドの隣は、日陰にも強いマホニア・コンフューサやシルバーブルーのシャープな葉のディアネラ'ブルーストリーム'、ラベンダーの中では暑さに強い'アラルディ'、ローズマリーや斑入りのウエストリンギアなど、色とりどりの葉を楽しめる。

リフォームで
明るくハイセンスに

千葉県市原市　A邸

エントランスの生垣を
オープンスタイルの花壇に

　玄関前の一部だけ生垣をとり除き、低い花壇を設置してオージープランツをとり入れた花壇にリフォームしたA邸のエントランスガーデン。敷地をすべて常緑樹の生垣で囲ってしまうと、その周囲が暗くなりがちですが、ほんの一部をオープンスタイルにするだけで、見違えるほど明るい印象になります。

　あまり手間がかからないオージープランツを組み合わせ、表面に砕石や砂利を敷いてロックガーデン風にすることで、見た目も美しく、水はけや風通しもよくなって、ローメンテナンスな植栽になりました。

エントランスガーデンを右側から見たところ。ヒースバンクシアが繊細な葉を伸ばし、暗紫色のニューサイラン'プルプレア'、白い花をたくさんつり下げる斑入りユッカ・グロリオサ、カレックス'ブロンズ'などが明るくおしゃれな印象。

白い砕石を株元に並べ、間にオージープランツやカラーリーフを植栽。ニューサイランやリューカデンドロン、カレックス、カラーリーフの種類が豊富なヒューケラ、斑入りユッカ・グロリオサ、コロキアなど。

赤いアンティークのカートの中にいろいろな多肉植物を植えてディスプレーしている。

花壇を左側から見たところ。左から、ブルーグリーンのスマートな葉のディアネラ'ブルーストリーム'、シルバーグリーンのウエストリンギア'スモーキー'、グレビレア'ココナッツアイス'、ヒースバンクシア、暗紫色のニューサイラン'プルプレア'、コルジリネ、カレックス、グレビレアなど。

開花時期が長く、アプリコットオレンジの大きな花穂が美しいグレビレア'ココナッツアイス'。花つきがよく、次々と花が咲き続けるため、エントランスを華やかに演出してくれる。

通りから見たエントランスガーデンの全景。以前は左端に見えるウバメガシの生垣が敷地全体を覆っていた。リフォームした花壇部分は、変化に富む植物で華やかな雰囲気。

43

家族で楽しむ リーフガーデン

千葉県　O邸

テラスに作った木枠の花壇と 芝生の中のアイランドガーデン

　エントランスに花壇があると、家に出入りするたびに植物と触れ合う機会ができて、心がほっこりと和むものです。駐車場を兼ねた広いコンクリート製のエントランスガーデンなら、木枠を組んだシンプルな花壇を設置して、一年中葉がきれいなオージープランツとハーブや季節の草花を植えるスペースを設けておくと便利です。

　ユーカリ・ポポラスは、剪定した枝を飾ったり、クラフトにして楽しむのにも向いています。

　芝生の中に花壇を作る際は、アイランド状に区切って仕切り板を入れておくと、いつもきれいな状態を保てます。

左／イソポゴン・フォルモサス'ローズコーン' は、針葉樹のような細い葉をもつオージープランツ。一年中葉がきれいで春には紫色の大きな花を咲かせる。
右／斑入りの葉がきれいなウエストリンギア'スモーキー' は、常緑で自然にきれいな樹形にまとまるので、オージープランツ初心者にもおすすめ。

道路側から見たエントランスガーデンの全景。正面にも小さな花壇があり、カラーリーフのきれいな植物を組み合わせて植えている。

オージープランツとハーブ、フェンス側にはキモッコウバラを植えて、明るくさわやかな木枠の花壇。右側のシルバーリーフの木は、ユーカリ・ポポラス。左手前はヘリクリサム、イソポゴン・フォルモサス'ローズコーン'、ウエストリンギア'スモーキー'など。

芝生の外側に設けたアイランド状の植栽スペース。オリーブは鉢植えにしてからポイントに配置し、風通しや水はけをよくしている。アメリカノリノキ'アナベル'やリューカデンドロンなどをアクセントに。

庭の奥から見た、植栽スペース。芝生との境界には仕切り板を差し込んで区切り、根が植栽スペースに入り込まないようにしている。

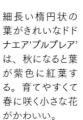

細長い楕円状の葉がきれいなドドナエア'プルプレア'は、秋になると葉が紫色に紅葉する。育てやすくて春に咲く小さな花がかわいい。

45

アプローチを印象的に

千葉県四街道市　O邸

オージープランツを使って
ひと味違うモダンなアプローチに

　アプローチは庭の導入部分なので、いつもきれいにしておきたいもの。ローメンテナンスのオージープランツをとり入れたアプローチは、モダンな印象に仕上がるだけでなく、葉がきれいなものが多いので、美しく保っておきたいアプローチにぴったりです。

　また、場所によっては、周囲の建物や外構に合わせてメリハリのある植物を植えるのもよいでしょう。大型のニューサイランにグレビレアやウエストリンギア、リューカデンドロンなどを組み合わせると、メリハリが利いてデザイン性があるコーナーになるのでおすすめです。

エントランス右側のコーナーは、リューカデンドロン'レッドデビル'が主役。中央の低木はクラブアップル、右下のまとまった低木はローズマリー。多年草のユーフォルビアやディコンドラにウエストリンギアを合わせて植えている。

植えてから数年たち、大株に育ったリューカデンドロン'レッドデビル'。花つきがよく、丈夫で関東平野部以西なら庭でも育てられる。

正面から見たフロントガーデンの全景。左にはグレビレア'ピーチズアンドクリーム'、右の植栽帯にシルバーリーフの植物と低木類を配置し、シックな中にも華やかさがある印象に。

グレビレア'ピーチズアンドクリーム'は、大きくて淡いアプリコットピンクの花が華やか。繊細な切れ込みが深く入る葉は、一年中美しい。

既存の大株のニューサイランを生かし、樹形の異なる数種類のグレビレアとウエストリンギアの斑入り種'スモーキー'やアジュガ、シルバーリーフのディコンドラを植えている。六角形のアンティークタイルがポイント。

アンティークタイルを敷いたコーナーは、後ろにウッドフェンスを立ててつる性植物を誘引する予定。グレビレアなどを鉢植えにしてデザインに変化をつけている。

ホワイトソルトブッシュやグレビレア・ロスマリニフォリアの手前に木製のコンテナを置き、季節の草花を寄せ植えしてディスプレー。カラーリーフの中に草花の鉢植えがあると華やかに見える。

47

シックな フロントガーデン

千葉県千葉市稲毛区　Y邸

シルバーリーフをとり入れた リストランテのウエルカムガーデン

　グレーの建物に調和するシルバーリーフを中心にした、シックなフロントガーデン。住宅街にある隠れ家的なリストランテを、この庭が引き立てて、より印象的に見せています。ユーカリ・ポポラスやギンヨウアカシア‘レッドクリスタル’などのシルバーリーフのオージープランツをとり入れ、株元にはゴロゴロと砕石を盛り上げてロックガーデン風に。砕石の間に植えた下草は、アジュガ‘チョコレートチップ’、リシマキア‘ペルシャンチョコレート’などの宿根草たち。庭の植物は花や枝をドライフラワーにして飾り、店内でも役立っているそうです。

エントランスの左側は、庭ができる前に植えておいたシマトネリコを中心にして周囲に砕石を置き、ロニセラやヒューケラなどのカラーリーフを植えている。

正面から見たフロントガーデンの全景。左右の植栽帯にシルバーリーフの植物をバランスよく配置している。左側の木はシマトネリコ。ギンヨウアカシアは鉢植えにするとコンパクトに育てられるので、右側のコーナーで鉢植えにしている。

la Candela
since 2010

エントランス右側のコーナーは、ユーカリ・ポポラスと鉢植えにしたギンヨウアカシア'レッドクリスタル'が主役。中央の低木はアカシア・ゴールドチップ、右下のまとまった低木はツリージャーマンダー。多年草のクリスマスローズやヒューケラを組み合わせて植えている。

ミモザの仲間のギンヨウアカシア'レッドクリスタル'は、秋から枝の先端が赤みを帯びた紫色になり、春の新芽は真っ赤、展開した葉はシルバーグリーンになって一年中美しい。

ミモザの仲間やユーカリなどは、剪定を兼ねて収穫し、リースやアレンジメントにしてリストランテの店内に飾っている。

la Candela　ラ カンデラ

Tel：043-239-7637
〒263-0034 千葉県千葉市稲毛区稲毛3-16-12
営業時間：18:00 OPEN　月曜定休（不定休あり）
https://lacandela.net/

オージープランツに似合うガーデンスタイル

　日本よりも乾燥した気候のオーストラリアから来たオージープランツたち。庭に植える際には、通気性がよく、株元に湿気がたまりにくいドライガーデンやロックガーデン風の植栽が適しています。日当たりがよい場所で水はけがよい用土に土壌改良し、株元には砂利や砕石などを敷きます。植物が美しく見えるだけでなく泥はね防止にもなり、病気や害虫にかかりにくいローメンテナンスなガーデンになります。

オープン外構の立体花壇

既存の塀をとり除き、建物に合わせた砕石で立体的に立ち上げた低めの花壇を設置してオージープランツを植えている。株元が少し高くなることで湿気がたまりにくくなり、美観もアップする。

オープン外構のドライガーデン

建物の周囲に作られた、オープン外構のドライガーデン。植物が外に向かって植えられているので、それぞれの個性や形がよくわかり、風通しもよい。株元は砕石で通気性と美観をアップしている。

スクリーンタイプのドライガーデン

テラスの周囲をとり囲むように作られたスクリーンタイプのドライガーデン。株元は大小の砕石を敷き、アクセントに流木を置いている。外側には通気性がよいフェンスを設置している。

ロックガーデンに小物を合わせて

大小の砕石をゴロゴロと敷き、ブリキのジョウロやアンティークの缶などに植物を植えたり鉢カバーにしてアクセントに。色や質感を合わせた鉢に植えた植物をポイントに置いてもおしゃれ。

Chapter 3

オージープランツ
の楽しみ方

オージープランツの花や葉を使って
暮らしに役立つクラフトや
ドリンクなどを作ってみましょう。
手軽で上手に作れるレシピを
豊富な手順写真つきでご紹介します。

すぐできる ミモザのブーケ

可憐なアカシア（ミモザ）の花を主役にした、
オージープランツのかわいいブーケを作ってみましょう。
プレゼントにもぴったりです。

ギンヨウアカシア

ミモザの愛称で親しまれるアカシア
の仲間の代表種。春に咲く黄色い
花が魅力。

●用意するもの

ハサミ、ラッピングペーパー、
ワックスペーパー、ラフィア：適宜、
キッチンペーパー：1枚、
アルミホイル：適宜、水を入れた容器、
切り分けて水揚げしたアカシア（花つき）、
　ギンヨウアカシアの枝、
　ツリージャーマンダーの枝、
　リューカデンドロンの枝（花つき）
　　：各3〜4本

Point

花材を短くして本数をふやし、ワッ
クスペーパーだけで包んでもか
わいく仕上がります。ギンヨウアカ
シアの枝は本数を減らし、リュー
カデンドロンを花つきのウエストリ
ンギアやグレビレアの枝にかえると
よいでしょう。

How to make

1 花材は30〜40cmに切り分けて水揚げしておく。下のほうの葉や短い枝を5〜7cmくらいとり除く。

2 ギンヨウアカシアの枝を芯にして、花の咲いているアカシアの枝をのせ、交互に束ねていく。

3 2の上にツリージャーマンダーとリューカデンドロンをのせて束ねる。

4 ラフィアで3の下を数回、しっかりと巻いて固定する。

5 縛った位置から茎を10cmくらい残して切りそろえる。

6 キッチンペーパーを水に浸して湿らせる。

7 5の茎の下を湿らせたキッチンペーパーで包む。

8 アルミホイルを幅20cmくらいに切り、7の茎を置いて二つ折りにしてから包む。

9 ラッピング用のワックスペーパーの上に8を置く。

10 ワックスペーパーを左右から寄せて花束を包み、下側を寄せて形を整える。

11 10をラッピングペーパーの上に置き、左右から寄せて包み込む。

12 下側をラフィアで巻いて固定し、リボン結びにしたら完成。

フランネルフラワーを
ピッチャーに飾る

庭の花や切り花で人気のフランネルフラワーを、
気軽にピッチャーに挿して楽しみましょう。

Point

細かくてかたい葉のウエストリンギアをはじめに挿し、花留め代わりとして全体に配置します。その間にフランネルフラワーとツリージャーマンダーを挿すと、花の向きや形が調節しやすくなります。

フランネルフラワー

オーストラリア原産でふわふわした質感の花。表面に細かい毛がたくさん生えている。

●用意するもの

フランネルフラワー：数本、
ウエストリンギア：数本、
ツリージャーマンダー：数本
ハサミ、ガラスのピッチャー、新聞紙、
水を入れる容器

How to make

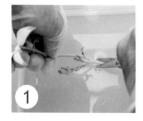

① 容器に水を入れ、フランネルフラワーの茎を水の中で切り、花材の水揚げをよくする。

② ほかの花材も同様に水の中で茎を切り、新聞紙で包んで茎の下を水に浸し、1時間ほど水をよく吸わせる。

③ 2の花材の下のほうの葉を、水に浸かるところまでとり除く。

④ ピッチャーに水を入れ、ウエストリンギアを挿してからフランネルフラワーとツリージャーマンダーを挿す。

Small Flower Arrangement
レプトスペルマムの簡単アレンジメント

普段使いのマグカップに、庭で咲いたレプトスペルマムを使って
小さなアレンジメントを作ってみましょう。

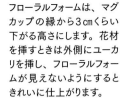

Point

フローラルフォームは、マグカップの縁から3cmくらい下がる高さにします。花材を挿すときは外側にユーカリを挿し、フローラルフォームが見えないようにするときれいに仕上がります。

レプトスペルマム
オーストラリア原産で、日本ではギョリュウバイの名で親しまれるフトモモ科の常緑中高木。

●**用意するもの**
レプトスペルマム（ピンク、赤）：各2〜3本、
ユーカリ・グニー：1本、
ハサミ、カッター、マグカップ、
フローラルフォーム、水を入れる容器

How to make

1
フローラルフォームをカッターでマグカップの中に入る大きさに切り、水を張った容器に入れて自然に沈むのを待つ。

2
すべての花材を10〜20cmくらいに切り分ける。下のほうの葉は3〜5cmほどとり除く。

3
水を張った容器の中で花材の下のほうを切り、そのまま30分くらい枝の下側から水を吸わせる。

4
1をマグカップに入れてユーカリを全体に挿し、間にレプトスペルマムを挿していく。

ユーカリの
ゆらゆらモビール

ユーカリ・ポポラスの丸くてかわいい葉を生かして
モビールにしてみましょう。
針に通した糸で刺すだけなので、簡単に作れます。

ユーカリ・ポポラス

シルバーグリーンで丸い葉形が人気のオージープランツ。葉にスッとしたさわやかな香りがあり、乾燥しても香りが残ります。

●用意するもの

ユーカリ・ポポラス：1〜2枝、
太い緑色の糸、針（糸の太さに合わせる）、
ハサミ、松ぼっくり：適宜

Point

モビールの先端は松ぼっくりのほか、センニチコウやアカシア（ミモザ）の花を束ねたものでもかわいい。ハンガーに数個まとめてつるすのもおすすめ。つるすときは糸を同じ長さにそろえず、少しずつ長さを変えるとバランスがよくなります。

How to make

1 糸を1mくらいに切り、2本どりにして端を玉結びにする。

2 1の玉結びにしたほうの端を松ぼっくりのかさの間にかけて動かないように巻きつけ、糸を縛る。

3 ユーカリ・ポポラスの枝から葉を切りとり、3〜5枚の葉の中央に針を刺して松ぼっくりのほうへまとめる。

4 1枚の葉を縦になみ縫いにしてから3でまとめたほうへ送る。3と4を2回繰り返して完成。数個作ってつるす。

Swag
オージープランツの
お手軽スワッグ

フランネルフラワー、アカシア・ブルーブッシュ、
レプトスペルマムなどを長めに切って束ね、
ラフィアで縛っただけですてきなスワッグができます。

Point

あまり多くの本数を束ねず、20〜
30本くらいまでにしておきます。葉
がきれいな枝に花ものを1〜2種
類束ねるとすっきりとまとまり、失敗
しません。麻ひもやラフィアは自然
な色を選ぶとよいでしょう。

●用意するもの

ハサミ、麻ひも、ラフィア、フランネルフラワー、
グレビレア、ユーカリ・ポポラス、ハナカンザシ、
カレープラントなど

① ユーカリなどの葉がきれいな枝を軸にし
て数本の花や枝を束ねる。

② 下のほうの葉や短い枝を5〜10㎝落
として束ねやすくする。

③ 2の部分を麻ひもやラフィアでしっかり
縛り、ひもでつるための輪を作って
つり下げる。

オージープランツのリース

アカシア・ブルーブッシュやレプトスペルマムなどの剪定枝を使って、
葉色や葉形を生かしたリースを作りましょう。

Point

枝を丸めて糸で縛り、リースベースとして使います。葉が美しくて枝がしなやかな種類を選べば作りやすいです。ウエストリンギアやパール・アカシアなどの枝を使っても、きれいにできます。ポイントにはセンニチコウのように明るくはっきりした色のドライフラワーがおすすめです。

アカシア・ブルーブッシュ

ブルーを帯びたシルバーリーフが密につく、アカシアの仲間。枝がしなやかでリースベースにぴったり。

●用意するもの

アカシア・ブルーブッシュの枝（長めの剪定枝）：3〜5本、
太めの緑色の糸、ハサミ、
ドライフラワー（センニチコウ数本、セルリア数本）

How to make

① 長めに切った剪定枝を丸めて、片方の端を輪の中にくぐらせる。

② 同様に残りの剪定枝を、一定方向に向かって輪にくぐらせながら巻きつける。

③ 3〜5本の枝を巻きつけながらリース状にまとめたところ。

④ 不安定な箇所は緑色の糸で縛って固定し、形を整える。

⑤ セルリア2本とセンニチコウ5本を枝の間に差し込み、糸で縛って固定する。

⑥ セルリアは左右に分けてもう1本挿し、センニチコウは段差をつけて2〜3本を糸で縛る。

バンクシアの
ガーデンピック

バンクシアの花が終わったあとの実をポイントに使って、
オージープランツにぴったりのガーデンピックを作ってみましょう。

Point

バンクシアの実は、どの品種でも、
ほぼ同じような形になります。ぽろ
ぽろとタネが落ちるので、軽くたた
いてタネを落としてから使ったほう
がよいでしょう。木の枝はどの樹種
でも問題ありませんが、乾かしてか
ら使います。

鉢に挿して、オージープランツならではの
楽しいイメージを演出します。

● 用意するもの
木の枝（長めの剪定枝）：1本、
バンクシアの実：2個、
グルーガン、グルースティック、
木のプレート：1枚

オーストラリア原産で、ヤマモガシ
科バンクシア属の常緑高木です。
海岸近くに自生し、淡い黄色でス
パイク状の花を咲かせます。

Chapter 3 オージープランツの楽しみ方

How to make

1 木の枝の頂部にバンクシアの実を当て、安定しやすいところに置いてグルーガンで実をとりつける。

2 グルーが固まるまで手で押さえて数分間固定する。

3 いったん固定したら、実と枝の隙間にぐるっと一周グルーをつけて、とれないように補強する。

4 木の股になっているところが安定しやすいため、もうひとつの実を当てて収まりやすい角度を探す。

5 2〜3と同様にグルーで実をしっかりと固定する。

6 植物名をペイントしたプレートを裏返し、その中央部にグルーをつける。

7 枝に6をとりつける。

8 グルーが固まるまで、手で押さえて数分間固定する。

9 グルーが冷え完全に固まったら、鉢や庭に挿して使う。

カリステモンの果実の スタンプ

ブラシノキの愛称で親しまれるカリステモンの花後の果実は、
丸い穴がポコポコと並んでかわいいのでスタンプとして使い、
水玉模様が並んだリボンやタグを作ってみましょう。
スワッグやペーパーバッグに添えるとすてきです。

Point

ナチュラルなベージュなどの淡い色の布やタグを選び、はっきりした濃い色のインクを使うのがコツ。スタンプするときは、あえて多少色ムラが出たほうが、味わい深い仕上がりになります。

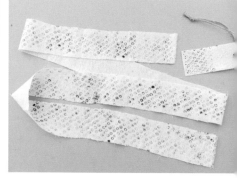

● 用意するもの

裁ちバサミ、やわらかい布、
ネームタグ（麻ひもつき）、
スタンプ台（黒、茶色など）、
スタンプを押すときに敷く
　　汚れてもよい布、
カリステモンの果実つきの枝：2本

カリステモン'ピンクシャンパン'
ブラシノキとも呼ばれているカリステ
モンの仲間で、淡い花色が人気。
花後の果実もかわいい。

How to make

リボンにスタンプ

1　カリステモンの枝は葉をとり除き、果
実より上の部分を切り落とす。果実
の下側の枝は5cmくらい残して切る。

2　1を折った布の端に当て、果実の
凸凹がある部分よりも短めに切る。
目安として4cm幅くらいがバランスよ
く仕上がる。

3　布を広げてリボン状にする。

4　スタンプ台の上で数回転がし、果実
の凸凹にインクをつける（＊手袋を
すると手が汚れにくい）。

5　汚れてもよい布の上に3を広げ、4を
下から上に転がして水玉模様をつけ
ていく。

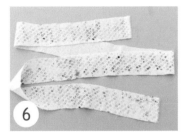

6　リボンの全体にスタンプできたら広
げてインクを乾かして完成。スワッグ
の持ち手などに結ぶ。

ネームタグにスタンプ

1　リボンのときと同様に葉をとり除いて
果実の上下の枝を切り、スタンプ台
の上で転がしてインクをつける。

2　汚れてもよい布の上にネームタグを
置き、1を下から上に転がして½く
らいまで水玉模様をつける。

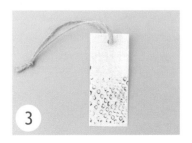

3　インクが乾いたら完成。スタンプに
使ったインクつきの果実を乾かし、
タグの手前に結んでもかわいい。

ジェルキャンドル

透明なジェルワックスを使って、花や葉がきれいに見える
ボタニカルキャンドルを作りましょう。
花材はドライフラワーにしたものを使います。

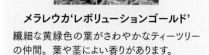

メラレウカ'レボリューションゴールド'

繊細な黄緑色の葉がさわやかなティーツリー
の仲間。葉や茎によい香りがあります。

Point

耐熱性のメディシンボト
ルや小さいグラスを使う
と、花や葉がよく見える
のでおすすめです。ワッ
クスは直接火にかけると
急激に温度が変わって
危険なので、ホットプレー
トか湯煎でじんわりと
温めましょう。

●用意するもの

（直径約6cm、深さ約8cm、
　容量約125mlのメディシンボトル1個分）

メディシンボトル（直径約6cm、深さ約8cm、
　容量約125ml）：1個、
ジェルワックス：約120g、
ろうそくの芯10cm以上のもの（留め具つき）：1本、
両面テープ、割り箸、ピンセット、ハサミ、小鍋、
ホットプレート、
ドライフラワー
　（メラレウカ'レボリューションゴールド'の枝、
　カリステモンの実、ゴンフォスティグマの花、
　メディカルティーツリーの枝、
　ユーカリ・ポポラスのつぼみなど）：適宜、
このほかにドライフラワー用のシリカゲルと
シリカゲルを入れる密閉容器

How to make

1 ドライフラワーにする花材をメディシンボトルに当てながら、中に入れやすい大きさを考えて小分けに切る。

2 花材を切り終えたら、仮配置してイメージをつかんでおく。

3 2を密閉容器に入れたドライフラワー用シリカゲルの中に埋め、常温で約1週間置いてドライフラワーにする。乾燥したらとり出してシリカゲルを静かにはらう。

④ 留め具つきのろうそくの芯を用意し、両面テープのシールを片側だけ剥がして留め具に貼る。

⑤ 留め具の大きさに合わせて4の両面テープをハサミで切りそろえる。

⑥ ピンセットで5をつかみ、残ったシールを剥がしてからメディシンボトルの底の中央に貼りつける。

⑦ 割り箸の先を少し開いてろうそくの芯を挟み、メディシンボトルの上に渡して、ろうそくの芯がまっすぐ伸びるように挟む位置を調整する。

⑧ 3のドライフラワーをピンセットでつかみ、7のボトルの中に配置する。底に重めの実や細い葉の枝を入れていく。

⑨ ドライフラワーを入れ終わったところ。花は軽いため、浮き上がらせないためには周囲に葉や枝を絡ませながら外側に向けて配置するとよい。

⑩ 分量のジェルワックスをハサミで小さく切り、小鍋に入れる。

⑪ ホットプレートを200度に加熱し、10を上にのせてジェルワックスを溶かす。溶けたら160度で保温しておく。

⑫ 9の中に溶けたジェルワックスを静かに注ぐ。割り箸が動かないように持ち、ボトルの隙間から慎重に注いでいく。溶けたワックスは熱いのでやけどに注意。

⑬ 10〜15分くらい動かさないようにしておき、ジェルワックスが冷えて固まったら割り箸をはずす。

⑭ メディシンボトルの緑の高さにそろえて、ろうそくの芯をハサミで切る。

⑮ メディシンボトルのふたを閉めたら完成。

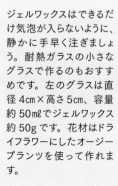

ジェルワックスはできるだけ気泡が入らないように、静かに手早く注ぎましょう。耐熱ガラスの小さなグラスで作るのもおすすめです。左のグラスは直径4cm×高さ5cm、容量約50mℓでジェルワックス約50gです。花材はドライフラワーにしたオージープランツを使って作れます。

Aroma Wax Bar

アロマワックスバー

アカシアやレプトスペルマムなど、花や葉のドライフラワーを飾った、
おしゃれなアロマワックスバーを作ってみましょう。

ギンヨウアカシア

ミモザの愛称で親しまれるアカシア
の仲間の代表種。春に咲く黄色い
花が魅力。

Point

香りと色がついたティーライトキャン
ドルを利用すると、手軽にかわ
いいアロマワックスバーが作れま
す。家庭用のホットプレートと市
販のワックスペーパー製のマドレー
ヌカップを使うと便利です。

●用意するもの

（直径75mm、深さ23mmの
　マドレーヌ型1個分）

ティーライトキャンドル（香りつき）：2個、
マドレーヌカップ（直径75mm、深さ23mmの
　ワックスペーパー製）：1個、
ストロー：1本、麻ひも：20〜30cm、
ピンセット、ハサミ、カッティングボード、
ナイフ、ホットプレート、
ドライフラワー
　（アカシアの花、レプトスペルマムの花、
　カレープラントの花、
　ユーカリ・ポポラスのつぼみなど）：適宜

How to make

1 ティーライトキャンドルのアルミカップをはずす。ハサミでカップに切り込みを入れるとはずしやすい。

2 1をカッティングボードの上に置き、ナイフで細かく刻む。芯と金具は使わないのでとり除く。

3 2をマドレーヌカップに入れて平らに敷き詰める。

4 ドライフラワーを小分けに切り、仮配置してみる。

5 ホットプレートを200度に加熱し、3を上にのせてろうを溶かす。

6 ストローを長さ1〜2cmに切る。

7 カップの中のろうが溶けると透明になり、溶けたろうが液状になってまとまる。

8 ろうが完全に溶けたら6を7に立てる。これが麻ひもを通す穴になる。

9 ろうが固まらないうちに、ピンセットで4をろうの中にやや沈むように配置する。

10 ろうが冷えて完全に固まったらマドレーヌカップをはずす。

11 ストローを抜くと穴ができる。

12 穴に麻ひもを通して結んだら完成。

ホワイトソルトブッシュの
フレッシュサラダ

ほんのり塩味がするホワイトソルトブッシュの
葉を楽しむ、滋味豊かなサラダです。

ホワイトソルトブッシュ

オーストラリア原産でヒユ科の常緑
低木。塩分を含んだ土地に自生す
るため、この名がある。

Point

ホワイトソルトブッシュの葉はほんのりと
した塩味があり、ミネラルが豊富です。
茎は苦味があるので葉を利用します。
葉を素揚げにしてサラダに散らしても、
パリッと香ばしくておすすめです。

●用意するもの

ホワイトソルトブッシュの枝：数本
ベビーリーフミックス（洗ったもの）：適宜
ミニトマト：数個を洗って½に切ったもの、
アーモンドスライス：適宜、
トング、サラダボウル

How to make

1

よく洗ったホワイトソルトブッシュの枝
から葉だけを摘みとる。

2

サラダボウルにベビーリーフミックス、
ミニトマトとアーモンドスライスを盛り
付けて、最後に**1**を散らす。

レモンマートル

東オーストラリア原産でフトモモ科の常緑高木。芳香成分のシトラールを多く含むため、ハーブティーや料理の風味づけに。

●用意するもの

レモンマートルの葉
　（洗って乾かしたもの）：5〜6枚
熱湯、ティーポット、ティーカップ、
カッティングボード、ナイフ

How to make

1

レモンマートルの葉にナイフで細かく筋を入れてティーポットに入れる。

2

熱湯を注ぎ、ティーポットのふたをして5分ほど蒸らし、ポットの中のお湯が黄緑色になったら、カップに注ぐ。

Hot Herbal Tea

レモンマートルの
ホットティー

レモンよりもみずみずしいさわやかな風味と、
かんきつ系の香りが楽しめるハーブティーです。

Point

レモンマートルの葉の表面にナイフで細かい筋をたくさん入れることで、香りや成分がお湯に溶け出しやすくなります。このひと手間でぐっとおいしいホットティーになります。

ハーバリウム

アカシアやカレープラントなどの花や葉のドライフラワーを使って、
明るくさわやかなハーバリウムを作ってみましょう。

ギンヨウアカシア

ミモザの愛称で親しまれるアカシアの仲間の代表種。春に咲く黄色い花が魅力。

Point

アカシア（ミモザ）の丸い花やカレープラントの花は乾燥しやすいので、小分けにして乾かせば3〜5日ですぐにドライフラワーになります。合わせる草花は入手しやすくて乾きやすく、花留めの役目をしてくれるレースフラワーがおすすめ。ユーカリのつぼみは1週間以上、しっかりと乾かします。

●用意するもの

（40mm×40mm、高さ170mm、
　約150mℓの瓶1本分）

ガラス瓶（40mm×40mm、
　高さ170mm、約150mℓ）：1本、
ハーバリウムオイル：150mℓ分以上、
ピンセット、ハサミ、
ドライフラワー（アカシアの花、
　カレープラントの花、
　ユーカリ・ポポラスのつぼみ、
　レースフラワーなど）：適宜

＊オイルの処分は天ぷら油と同様に扱い、お住まいの地域のきまりに従って廃棄してください。

How to make

1 ドライフラワーを小分けに切る。花留めとなるレースフラワーは、細長い花柄を長くつけたまま切り、花についている網状に裂けた苞も利用するため、長いままつけ根で切る。

2 アカシア（ミモザ）は、花房のつけ根で切り、長いまま使う。葉はバラバラになりやすいため、しっかりしている部分をつけ根で切る。

3 ユーカリのつぼみ以外の花材を切り終わったところ。カレープラントは花首で切っておく。

4 ユーカリのつぼみは房ごとに1本ずつ切り分け、葉は使わない。

5 瓶の中に切った花や葉をピンセットで入れていく。最初に花留めとなるレースフラワーの苞を入れ、アカシアの花房を絡めるようにする。

6 瓶の外側から確認しながら、レースフラワーの花や苞を間に入れつつ、アカシアの花房やカレープラントの花、ユーカリのつぼみを立体的に詰めていく。

7 瓶の口近くまで花材を詰め終わったら、瓶の縁から静かにハーバリウムオイルを注ぎ入れる。このとき気泡ができるだけ出ないようにする。

8 瓶の口から1〜1.5cm下までハーバリウムオイルを注ぎ入れたら、オイルが漏れないように瓶のふたをしっかりと閉める。

9 5分くらいたって確認し、花材が浮き上がってきたり、気泡がたくさんできていなければ完成。

Botanical Photo Frame
ボタニカル
フォトフレーム

バーケア・リニフォリアやシルバーティーツリーなど、
葉がきれいなオージープランツを押し花にして、
ナチュラルなフォトフレームに飾ってみましょう。

バーケア・リニフォリア

繊細なニュアンスカラーの葉を茂ら
せる常緑低木。小さな白い花をたく
さん咲かせます。

Point

同じ形の葉が重ならないように、
ガラスの上にのせていくのがきれ
いに仕上げるコツです。細かい花
がかわいいバーケア・リニフォリア
が手前の中心になるように配置
し、丸いユーカリ・ポポラスの葉を
空いている場所に置き、アクセン
トにするとよいでしょう。
※フォトフレームは、背面が背板
ではなく、ガラス2枚のタイプが
おすすめです。

●用意するもの
（11㎝×15㎝のフォトフレーム1個分）

フォトフレーム（11㎝×15㎝）：1個、
押し花専用紙または上質紙：適宜、
ティッシュペーパー：適宜、
ハサミ、押し台にする本か雑誌、
重しにする雑誌か本：数冊、
花材（シルバーティーツリーの枝、
　　バーケア・リニフォリアの開花枝、
　　レプトスペルマム‘カッパーグロウ’の枝、
　　ユーカリ・ポポラスのつぼみと葉など）

How to make

1

花材をフレームの上に仮置きし、ハサミでフレームの中におさまる大きさに切る。

2

すべての花材を使いやすい大きさに切りそろえたところ。

3

押し花の台にする本の上に押し花専用紙または上質紙を敷き、上にティッシュペーパーを敷いてから2を広げて並べる。あまり密にしないほうがよい。

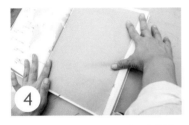

4

3の上にティッシュペーパーを置き、上からまた押し花専用紙または上質紙を敷き、サンドイッチ状にする。数ページごとに花材を同様に挟む。

5

重し用の本や雑誌を4の上から置き、1週間から10日くらいそのまま動かさないようにする。

6

しっかり乾いて押し花になったら、ティッシュペーパーや紙をとり除く。

7

押し花が完成したところ。できた押し花をまとめておく。

8

紙の上にフォトフレームのガラス板を置き、フレームにおさまる大きさに切りながら、後ろになる葉から順に7を配置していく。

9

立体感のある配置にするには、背面になる花材から置き、手前に花やアクセントになる葉を置いていく。

10

花や葉を配置し終わったら、上からもう一枚のガラス板を重ねる。

11

10を動かさないように押さえたまま、フレームの中に入れる。このとき、前と後ろを間違えないように気をつける。

12

留め金を回して固定し、フレームを立てる脚をとりつけたら完成。

ユーカリの
フェイシャルスチーム

喉や肌がスッとする芳香と潤いを実感する手軽なヘルスケア。
ユーカリ・ポポラスの剪定枝や切り枝で、すぐにできます。

ユーカリ・ポポラス

ユーカリはアロマテラピーでも人気があり、主成分はスッとした香りで消炎効果やリラックスなどに役立つといわれています。

Point

摘みたての新鮮なユーカリの葉を使い、よく沸騰させた熱いお湯を注ぎ、たっぷり湯気を立たせるのがコツです。やけどに気をつけながら、湯気をできるだけバスタオルから逃がさないようにします。

●用意するもの

ユーカリ・ポポラスの枝 :3本くらい、ハサミ、耐熱性のあるボウル、熱湯、大きめのバスタオル

How to make

ユーカリ・ポポラスの葉を枝から切り離し、葉だけをボウルの中に入れる。上から葉がひたひたにつかるくらいの熱湯を注ぐ。3分くらいそのまま待ち、湯気にスッとした香りが立ったらできあがり。

■ 使い方

大きめのバスタオルを背中からすっぽりとかぶり、湯気の出ているボウルの上に覆いかぶさって蒸気を吸い込んだり、顔に当てたりします。5〜7分くらいで、喉のイガイガや鼻づまりがすっきりしたり、肌がしっとりします。

Chapter 4

育ててみたい！
おすすめの
オージープランツ

丈夫で育てやすく、花や葉が美しい

おすすめのオージープランツを

美しい写真とともにご紹介します。

育て方や栽培のポイントも

ていねいに説明しています。

お住まいの環境に合った、お気に入りを

見つけてください。

アカシア（ミモザの仲間）

Acacia

ヤマモガシ科
マメ科　常緑中高木　高さ5〜10m

ギンヨウアカシア

鉢植え、庭植えどちらも◎
耐寒性／マイナス5度くらいまで
防寒対策／なし
開花期／早春〜春
剪定時期／花後や枝が混み合ったとき

　黄色の玉状の花が房になって咲く、人気の花木です。花期は花で全体が覆われるほどで、細やかなレース状のシルバーリーフがきれいです。冬にマイナス5度以下にならない地域では、庭植えがおすすめです。葉も花も美しく、一年中楽しめるので、シンボルツリーにするのもよいでしょう。

　生育スピードがとても速く、あっという間に大きくなりますので植えつける場所には十分な余裕をもって植えてください。毎年剪定して、枝を密に茂らせれば、より美しい姿が楽しめます。

↑ギンヨウアカシア'プルプレア'は、新梢と若葉が赤紫になる選抜品種。ギンヨウアカシアより枝の伸びは少なめで、花つきもやや少ない。樹形もコンパクトになる。

↓ギンヨウアカシア'ダークアイ'は、ギンヨウアカシア'プルプレア'の新葉が青いものを選抜して挿し木をしたもの。'プルプレア'と同様、ほかのアカシアに比べると生育もやや穏やかで樹高も低めで育てやすい。鉢植えでも育てられ、こまめに剪定するとコンパクトな樹形に仕立てられる。

アカシア・ゴールデントップ

鉢植え、庭植えどちらも◎
耐寒性／マイナス7度くらいまで
防寒対策／なし　　開花期／晩秋～春
剪定時期／花後や枝が混み合ったとき

ゴールデントップはオーストラリア東部原産で、細く短い葉が、枝にびっしりとつきます。晩秋から春まで咲くので、秋から黄色い花を長く楽しめます。高さは5mほどで、比較的コンパクトです。花は葉と葉の間に咲きます。毎年花後に剪定することで、樹形をきれいに保てます。

→パール・アカシアは、本当の葉はなく、茎が平たく葉状になった仮葉が並んでいる。仮葉は銀灰色で、小さめの卵形。冬の終わりから早春に、ほかのミモザの仲間と同じように黄金色の花を咲かせる。

ブリスベーン・アカシア（フィンブリアータ）は、低木で葉が小さい品種。開花期は春で、甘い芳香のある黄色い花を枝いっぱいに咲かせる。適応力が高く、育てやすい。寒さには多少弱いので、寒地では鉢栽培にし、冬は軒下にとりこむとよい。

ギンヨウアカシアの突然変異で、赤い新芽が美しい'レッドクリスタル'。花はギンヨウアカシアよりもやや少なめ。夏の葉は銀青色が強くなる。

アカシア・ブルーブッシュは、ブルーを帯びたシルバーリーフで、アカシアの仲間では高さが控えめ。植えつけたら根が張るまではたっぷりと水やりする。根づけば乾燥ぎみでも耐える。剪定は花後すぐに行い、枝が混み合うと病害虫がつく原因になるので注意。

バンクシア
Banksia

ヤマモガシ科　常緑高木

→咲き進んでバンクシア特有の「スパイク」と呼ばれる筒状の花の特徴が出ている。

←コースト・バンクシアのつぼみ。コーストとは沿岸という意味で、文字通りに自生地はオーストラリアの海岸部。

コースト・バンクシア

開花期／4〜6月、10〜11月
高さ／〜20m
鉢植え、庭植えどちらも◎
耐寒性／マイナス10度くらいまで
防寒対策／暖地では必要なし
剪定時期／花後

バンクシアの中でも寒さ、暑さに強い強健品種です。潮風にも強いといわれています。花は黄色がかったクリーム色で、ある程度株が大きくならないと花は咲きません（目安として2m以上）。成長が速いのでシンボルツリーにもおすすめです。

ウォールム・バンクシア

開花期／4〜7月　　高さ／〜5m
鉢植え、庭植えどちらも◎
耐寒性／マイナス5度くらいまで
防寒対策／暖地では必要なし　　剪定時期／花後

花つきがよく、日本の寒さ、暑さに強い強健品種で、花はグリーンから茶色に咲き進みます。潮風にも強く沿岸でも庭植えできます。比較的成長が早く、1.5mくらいから開花します。ある程度の湿度にも耐えるので、庭植えのシンボルツリーにも適します。

ウォールム・バンクシアのつぼみ。縁に切れ込みが入った葉の形も魅力的。

スワンプ・バンクシア

開花期／秋〜冬　　高さ／2〜3m
鉢植え、庭植えどちらも◎
耐寒性／0度くらいまで
防寒対策／なし
剪定時期／花後

バンクシアの中でも水が好きな品種なので、水は用土が乾いたらたっぷりと与えてください。葉の大きさが40cmにもなります。花はグリーンに近い色で、花後は茶色になり、まるでタワシのような姿です。枝の先端に花が咲きます。新芽の触り心地がベロアのようです。

バンクシア
'バースデーキャンドル'

開花期／初夏〜秋　高さ／50cm
鉢植え、庭植えどちらも◎
耐寒性／マイナス5度くらいまで
防寒対策／なし　　剪定時期／花後

背丈が低く、横に這う品種です。幅は1.2mほどになります。花はオレンジ色で、マツのような細長い葉をもちます。コンパクトな大きさで花もよく咲くので、ベランダなどにもよいでしょう。混み合った枝をこまめに剪定すると枝数がふえ、花がより咲きやすくなります。

ヘアピン・バンクシア

開花期／秋〜冬　　高さ／1〜3m
鉢植え、庭植えどちらも◎
耐寒性／マイナス5度くらいまで
防寒対策／暖地では必要なし
　（ただし寒風が当たる場所ではマルチングなど）
剪定時期／花後、年に数回

葉が細長く、比較的寒さ、暑さに強い品種です。花はオレンジ色でとても美しく、花後に剪定を繰り返すと枝数がふえてボリュームが出ます。成長のスピードはおだやかです。日当たりと水はけのよい、寒風の当たらない場所で栽培しましょう。水はけのよい用土を使い、乾燥ぎみの環境を好みます。

バンクシア'ピグミーボッサム'

開花期／初夏〜秋　　高さ／60cm
鉢植え、庭植えどちらも◎
耐寒性／マイナス5度くらいまで
防寒対策／なし　　剪定時期／花後

背丈が低く、横に這うようにして成長する超小型種です。幅は2mほどになります。花はグレーを帯びたクリーム色で、ずんぐりとした丸い形。葉は細めで縁にギザギザと切れ込みが入ります。花壇の際や鉢植えなどにも向いています。潮風にも強いです。

グレビレア
Grevillea

ヤマモガシ科　常緑低木　高さ30〜300㎝

グレビレア
'ピーチズアンドクリーム'

開花期／四季咲き　　高さ／1〜2m
鉢植え、庭植えどちらも◎
耐寒性／マイナス4度くらいまで
防寒対策／なし　　剪定時期／花後

長さが15㎝もある花を咲かせる人気の品
種です。花は淡いピンクからグリーンのグ
ラデーションの美しい色です。寒風で葉が
傷むことがあるので、強い風に当たるよう
なときは防寒対策をしましょう。

グレビレア
'ピグミーダンサー'

開花期／冬〜春　　高さ／1〜2m
鉢植え、庭植えどちらも◎
耐寒性／マイナス5度くらいまで
防寒対策／暖地では必要なし
剪定時期／花後

ローズマリーのような細かい緑葉に濃くて鮮
やかなピンク色の花を咲かせる品種です。
耐寒性もある程度あり、少し雪の降る地域
でも庭植え可能です。開花期が長く、花つ
きがとてもよいのも特徴です。

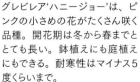

グレビレア'ハニージョー'は、ピ
ンクの小さめの花がたくさん咲く
品種。開花期は冬から春までと
とても長い。鉢植えにも庭植え
にもできる。耐寒性はマイナス5
度くらいまで。

グレビレア'ジュビリー'は、クリー
ム色の花弁にピンクと黄緑色の
核というさわやかな花色。耐寒
性がマイナス6度くらいまであり、
少し雪が降る程度の地域なら庭
植えできる。

グレビレア・ラニゲラ

開花期／冬～春、周年咲き
高さ／30～60㎝
鉢植え、庭植えどちらも◎
耐寒性／マイナス4度くらいまで
防寒対策／なし　　剪定時期／花後

高さはあまり伸びず、枝がうねるように横に広がって成長するコンパクトタイプです。コンテナの株元や、ハンギングバスケットにもおすすめです。鮮やかなピンク色のつぼみからクリーム色の花が咲きます。

グレビレア 'クリソフィア'は、ゴールデングレビレアとも呼ばれ、秋から冬にかけて特徴的な花を咲かせる。葉の形状も一般的なグレビレアと異なる丸みを帯びた形。コンテナで寄せ植えやインドアなどにもおすすめ。

グレビレア'キングスレインボー'は、繊細な細い葉と黄色と赤の2色咲きのように見える花が美しい品種で四季咲き性がある。常緑で花つきも非常によい。

グレビレア
'スピリット オブ アンザック'

開花期／四季咲き、周年咲き
高さ／1～3m
鉢植え、庭植えどちらも◎
耐寒性／マイナス7度くらいまで
防寒対策／なし
　（植えつけて2年くらいはマルチングなど）
剪定時期／花後

鮮やかで大きな赤色の花を咲かせる品種です。グレビレアの中でも耐寒性は比較的強めです。開花が始まると、気まぐれにぽつぽつと咲き続け、一年中花を楽しむことができます。

グレビレア'ビッグレッド'は、赤色の大きな花をたくさん咲かせ、人目を引く独特な花と葉形が特徴的。樹形はボリュームのある丸形になりやすく、シンボルツリーにもおすすめ。

グレビレア'ココナッツアイス'は、比較的暑さ、寒さに強い。生育旺盛で鮮やかなオレンジピンク色の花が咲く。葉は切れ込みのある細葉。寒風が当たるような場所では葉が傷むことがあるため防寒対策を。

グレビレア
'ガウディチャウディー'

開花期／四季咲き　　高さ／〜2m
鉢植え、庭植えどちらも◎
耐寒性／マイナス7度くらいまで
防寒対策／なし　　剪定時期／花後

這い性でグラウンドカバーにも向く品種。カシワ
にも似た切れ込みの深い葉が特徴的です。春
にピンク系の美しい花を咲かせます。株が充実
すると春と秋の二度咲くこともあります。日当た
りのよいところで育てると新葉が赤く芽吹き、鉢
植えに最適です。また耐寒性があり、土が凍ら
ない地域なら庭植えもできます。

グレビレア'ドーン
パープル'は株全
体がシルバーホワ
イトのような淡い
色をしており、明
るい雰囲気。特
徴あるブラシ形の
花で、淡い紫が
かったピンク。

グレビレア・
シナフィエ

開花期／冬〜春　　高さ／〜1m
鉢植え◎
耐寒性／0度くらいまで
防寒対策／マルチング程度
剪定時期／花後

まだ流通量の少ない品種です。
淡いグリーンの小さな花が株い
っぱいに咲きます。冬はマルチン
グや不織布などの防寒対策が必
要です。鉢植えで霜に当てない
ように明るい軒下などで育てます。

グレビレア・オーストラリスは、グレビレア
の原種のひとつ。白い小輪に赤いド
ットが混じり、素朴でかわいい花。とて
も花つきがよく、冬の寒さにも比較的
強い。

グレビレア
'ブラックレンジ'

開花期／冬〜春　　高さ／〜1m
鉢植え、庭植えどちらも◎
耐寒性／マイナス4度くらいまで
防寒対策／なし
剪定時期／花後

シルバーグレーの小さな葉に鮮
やかな赤い花を咲かせる品種で
す。成育旺盛で横にも1.5m程度
成長します。カラーリーフとしても
重宝し、寄せ植えの芯としてもお
すすめです。

ユーカリ・ポポラス

Eucalyptus polyanthemos

フトモモ科　常緑高木　高さ／約5m
鉢植え○、庭植え◎
耐寒性／マイナス5度くらいまで
防寒対策／なし　　　開花期／春
剪定／花後や枝が混み合ったとき

丸いシルバーリーフが美しく、人気があります。
日当たりのよい場所から半日陰まで適応し、土
が乾いたらたっぷり水を与えます。成長するス
ピードが速いので、樹高を高くしたくない場合
は早めに先端を枝のつけ根で切り、こまめに剪
定するとコンパクトに仕立てられます。庭植えの
シンボルツリーにおすすめです。アレンジメント
やクラフトにも使えます。

ユーカリ・ポポラスを大きくしたくないとき
は、鉢植えで育てるのもひとつの方法。
剪定をこまめに行い、株を太らせない。

レモンユーカリは、葉に
強いレモンの香りがあ
る。乾燥させてドライフ
ラワーやポプリなどに。
成長が早く、乾燥ぎみ
でよく育ち、暖地では
20mくらいになることも
ある。寒さにはあまり強
くないため、霜が降りる
場所では鉢植えにして
冬は室内、または南向
きの軒下に。

ユーカリの仲間で、寄せ植えにも映えるシック
な葉色が魅力のユーカリ'ブラックテイル'。

ユーカリ'ブラックテイル'
（アゴニス・フレクソーサ）

Agonis flexuosa 'Black Tail'

フトモモ科　半耐寒性常緑中高木　高さ／約5m
鉢植え○、庭植え◎
耐寒性／マイナス5度くらいまで
防寒対策／なし（幼苗は霜よけ）　　　開花期／春
剪定／花後や枝が混み合ったとき

ユーカリの近縁種で、オーストラリア西部原産です。
細長くしだれるような葉は寒さに当たると黒葉にな
ります。シンボルツリーや寄せ植え素材のほか、切
り枝やドライフラワーなどにもおすすめです。マイナ
ス5度程度までの耐寒性はありますが、幼苗期は
弱いので、冬は霜よけをしてください。成長スピー
ドが速く、乾燥地でもよく育ち、旺盛に茂ります。

レプトスペルマム

Leptospermum

フトモモ科　常緑中高木　高さ／1〜4m
鉢植え、庭植えどちらも◎
耐寒性／マイナス5度くらいまで
防寒対策／なし
開花期／初夏
剪定／花後や枝が混み合ったとき

日本でも長く親しまれてきたオージープランツ、ギョリュウバイの仲間です。繊細な葉をもちますが、とても丈夫です。日当たりと水はけのよさを好みます。とても育てやすくて鉢植えでも庭植えでもよく育ちます。耐寒性もあり、冬も防寒の必要はありません。小さな花が咲くものが多いのですが、ギョリュウバイ以外の種類は主に葉や樹形を楽しみます。

シックな銅葉で、紅葉するとさらに深い暗紫色になるレプトスペルマム'カッパーグロウ'。初夏に小さな白い花が咲く。

シルバーグリーンの葉と細い枝が繊細な印象。寄せ植えにも向く。ギョリュウバイの仲間で、6〜7月に白い花を咲かせるレプトスペルマム'ホワイトティーツリー'。

紫色を帯びた繊細な葉が密に茂り、コンパクトで鉢植え向きのレプトスペルマム'ナニュームルブルム'。

明るい緑色の葉で、甘くフレッシュなレモンの香りがするレプトスペルマム'レモンティーツリー'。初夏に小さな白い花を咲かせる。

秋から冬を越えて春まで長く開花するレプトスペルマム・スコパリウム（ギョリュウバイ）。流通するのは濃いピンクから薄いピンクの八重咲き種が多く、寄せ植えにもできる。

シルバーがかった細長い葉と細い枝が繊細な印象。寄せ植えにも向くレプトスペルマム'ホワイトティーツリー'。6〜7月に白い花を咲かせる。

ピンクの花が鮮やかなレプトスペルマム・スコパリウムは、ローメンテナンスなので庭植えで楽しみたいオージープランツ。左下のほふく性のコニファー、中段のローズマリーとの組み合わせが映える、庭植えの植栽例。

カリステモン

Callistemon

フトモモ科　常緑中高木　高さ／1〜3m
鉢植え、庭植えどちらも◎
耐寒性／マイナス10度くらいまで
防寒対策／なし
開花期／初夏
剪定／花後や枝が混み合ったとき

100年以上前に日本に渡来し、「ブラシノキ」と
呼ばれて親しまれています。赤いブラシのような
花がエキゾチックで、比較的耐寒性と耐暑性も
強いことから、初心者でも育てやすいオージー
プランツです。やや耐陰性もあり、花数は減り
ますが半日陰でも育ちます。主に赤い花を咲か
せますが、花がピンクでやや小型の花をたくさ
ん咲かせる'ピンクシャンパン'がおすすめで、園
芸品種の中では花つきが抜群で、霜が降りるま
で長期間花が咲き続けます。水はけのよい土に
植え、根づけば手間はかかりません。

カリステモン'ピンクシャンパン'の株姿。小さくて繊細な
葉が涼しげで、一年中きれいな葉が楽しめる。

育てやすく、ピンクの
花がよく咲くカリステモ
ン'ピンクシャンパン'。

カリステモン'ピンク
シャンパン'は、生
育状態によって、
淡いピンクの花が
咲くこともある。

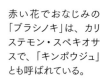

赤い花でおなじみの
「ブラシノキ」は、カリ
ステモン・スペキオサ
スで、「キンポウジュ」
とも呼ばれている。

メラレウカ

Melaleuca

フトモモ科　常緑中高木　高さ／1〜3m
鉢植え、庭植えどちらも◎
耐寒性／マイナス5度くらいまで
防寒対策／なし
開花期／初夏
剪定／花後や枝が混み合ったとき

タンポポの綿毛のようなふわふわした花を咲かせます。「ティーツリー」とも呼ばれ、アロマテラピーでもおなじみです。日本で親しまれているのは'スノーインサマー'で、初夏に株が真っ白になるほど花を咲かせます。生育旺盛で強健な植物です。よく枝を伸ばすため、こまめに混み合った枝を剪定するのがおすすめです。鉢植えは水ぎれしやすいので、たっぷりと水を与えてください。葉にさわやかな香りがあるので、剪定した枝は切り花としても楽しめます。

'スノーインサマー'の花は、ふわふわな花が密につく。

メラレウカ・リナリイフォリア'スノーインサマー'は、白い花をたっぷり咲かせる。

メラレウカ'レボリューションゴールド'は、黄緑色のカラーリーフが魅力の育てやすい品種。

「メディカルティーツリー」とも呼ばれるメラレウカ・アルテルニフォリア。さわやかな香りがあり、育てやすい。

カンガルーポー
（アニゴザントス）

Anigozanthos

ヘモドラム科　多年草　高さ／20〜150cm
鉢植え◎
耐寒性／5度以上必要
防寒対策／冬は室内で管理
開花期／4〜6月
剪定時期／花後に花茎を株元から切る

カンガルーの前足のような形の花を咲かせることから、この名があります。学名はアニゴザントスといい、ドライフラワーにもできます。寒さと過湿が苦手なので、鉢植えで動かせるように管理するのがおすすめです。日当たりと乾燥を好むので、しっかり土が乾いてから水やりをしましょう。冬は室内の明るい場所に置き、夏は雨に当てないように軒下などで育てます。

アニゴザントス'ブッシュ
ジェム'の黄花タイプ。

黄緑の花で茎や花の先端が黒くなる
タイプ。

ピンクタイプの花。

アニゴザントス'ブッシュジェム'のオレンジタイプ。

淡いグリーンタイプの花。

ピメレア

Pimelea

ジンチョウゲ科　常緑低木　高さ／20〜100㎝
鉢植え◎
耐寒性／マイナス2〜3度くらいまで
防寒対策／夜間だけ軒下や室内に
開花期／12〜4月
剪定時期／花後の花茎をとる程度

枝の先端にピンク色のエキゾチックな花を咲か
せます。鉢植えだとコンパクトになりますが、原
生地では2mまで伸びます。基本的に日当たり
を好みますが、暑さと蒸れが苦手なので夏場は
涼しく過ごさせます。夏の間は風通しのよい半
日陰で管理するのがおすすめです。水はけのよ
い土に植えてください。冬は夜間だけ軒下や室
内で保護し、日中はよく日に当ててください。

大きなベル形の花がつり
下がるようにたくさん咲く
ピメレア・ピソディス。

鮮やかなピンクの小さ
な花がびっしりと集まっ
て咲くピメレア・ロゼア。
株姿は自然に丸く整う。

淡いピンクの花が咲き、
細かい枝をブッシュ状
に茂らせるピメレア'フォ
ーシーズン'。

フランネルフラワー

Actinotus helianthi

セリ科　常緑多年草　高さ／30〜40cm

鉢植え◎、庭植え○

耐寒性／0度くらいまで

防寒対策／必要11〜3月

開花期／周年

剪定時期／花後や茎が混み合ったとき

花、茎、葉がすべてふわふわした感触の草花です。庭植えする場合は雨の当たらないところへ植えつけます。冬は霜が当たらないように注意して、日当たりのよい場所で育てます。梅雨から秋の高温多湿がやや苦手なので、水はけのよい用土で鉢植えにするのがおすすめです。花後の花がらをそのままにしておくと病害虫が発生しやすくなるため、早めに摘みとるか、切り戻します。

フランネルフラワー'フェアリーホワイト'は、花弁の先端が緑色で鉢植え向きの矮性種。春と秋の2回咲く。

フランネルフラワー'エンジェルスター'は四季咲き性が強い大型種。切り花で多く流通する。

フランネルフラワー'フェアリームーン'は、四季咲き性があり、クリームイエローの花が咲く。

ヒベルティア

Hibbertia

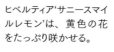

ヒベルティア'サニースマイルレモン'は、黄色の花をたっぷり咲かせる。

ビワモドキ科　半耐寒性常緑低木

高さ／10〜30cm

鉢植え、庭植えどちらも◎

耐寒性／マイナス5度くらいまで

防寒対策／霜よけ程度

開花期／春〜初夏

剪定時期／花後や枝が混み合ったとき

小ぶりで鮮やかな花色の5弁の花を咲かせ、糸のように細い葉がきれいです。日当たりがよい場所を好み、水はけのよい用土で育てます。高温多湿が苦手なので、梅雨から夏にかけては雨よけできる明るい軒下などの、風通しのよい場所で管理しましょう。花後に枝先を切り戻し、薄めの液肥を与えます。

ヒベルティア'サニースマイルオレンジ'は明るいオレンジ色の花がかわいい。

ドドナエア

Dodonaea

ムクロジ科　常緑低木　高さ／1.2～2m
鉢植え◎、庭植え◎
耐寒性／マイナス5度くらいまで
防寒対策／なし
開花期／春～初夏
剪定時期／花後や枝が混み合ったとき

常緑で、暑さにも寒さにも比較的強いので、育てやすいオージープランツです。細長い楕円形の葉が特徴です。春から初夏に小さな丸い花が咲きます。潮風にも強く、海の近くでも育てられます。日当たりを好むため、よく日に当てて育てます。水はけのよい用土を好みます。開花前を除き、枝が混み合ってきたらすかし剪定をします。

ドドナエア'プルプレア'は、冬に葉が鮮やかに紅葉する。花はあまり目立たない。

ドドナエア'サンドオリーブ'は、一年中緑色の葉をしている。花は白い。

ホワイトソルトブッシュ
（ラゴディア・ハスタータ）

Rhagodia hastate

ヒユ科　常緑低木　高さ／約1m
鉢植え、庭植えどちらも◎
耐寒性／マイナス12度くらいまで
防寒対策／なし
開花期／春と秋
剪定時期／花後や枝が混み合ったとき

塩分を含んだ土地に自生することが名の由来です。ラゴディア・ハスタータとも呼ばれ、シルバーリーフが特徴。日当たりのよいところから半日陰まで適応し、寒さに強くマイナス12度くらいまで耐えます。冬は紅葉して、葉が赤くなります。姿が乱れたら、すかし剪定を行います。水はけのよい用土を好みます。

日当たりがよいと、シルバーリーフがさえる。

ホワイトソルトブッシュの葉は、塩味がする。

ガストロロビウム

Gastrolobium

マメ科　常緑低木　高さ／約1.2m
鉢植え、庭植えどちらも○
耐寒性／0度くらいまで
防寒対策／マルチング程度
開花期／冬〜初夏
剪定時期／花後や枝が混み合ったとき

1〜6月までの長期間、小さな花をたくさん
咲かせます。葉がシルバーグリーンで枝がブ
ッシュ状に伸び、花のない時期でも観賞価
値が高いところも魅力です。関東平野部以西
であれば、日当たりがよい場所で霜に当たら
なければ屋外で越冬できます。こまめに混み
合った枝を切り戻すと、ブッシュ状に茂ります。

ガストロロビウム'ブ
ラックルビー'は、
ブッシュ状に茂り、
シックな黒いベル
形の花をたくさん
咲かせる。

ガストロロビウム
'レッドスター'は、
鮮やかな赤い筒
状の花が頂部に
集まって咲く。

バーケア

Baeckea

フトモモ科　常緑低木　高さ／1〜3m
鉢植え、庭植えどちらも◎
耐寒性／マイナス5度くらいまで
防寒対策／なし
開花期／冬〜初夏
剪定時期／花後、または容姿が乱れてきたとき

夏にとても小さな白い花をたくさん咲かせま
す。常緑ですが、細く繊細な葉は密につき、
しなだれる樹形も魅力です。冬に赤く紅葉し
ます。剪定に強いのでこまめに切り戻して樹
形を整えましょう。日当たりを好みます。水
はけのよい用土で植えつけます。水はしっか
りめに与えるのがおすすめです。ドライフラワ
ーにもなります。

細い葉としなやか
な樹形で、観賞
価値も高いバーケ
ア・リニフォリア。

バーケア・リニフォリアは、
秋の紅葉と長期間よく咲く
小さな花が見どころ。

ウエストリンギア

Westringia fruticosa

シソ科　常緑低木　高さ／70〜150cm
鉢植え◎、庭植え◎
耐寒性／マイナス3〜4度くらいまで
防寒対策／なし
開花期／春〜秋
剪定時期／花後や枝が混み合ったとき

見た目がローズマリーに似ていることから、オーストラリアンローズマリーとも呼ばれます。鉢植えでも、庭植えでもよく育ちます。乾燥にも強く、とても育てやすいのも魅力です。春〜秋に長期間小さな花が咲き続けます。日当たりのよいところから半日陰まで生育し、多少は霜が当たっても屋外で越冬できます。水はけのよい用土で植えつけます。

白い斑入りでシルバーがかった葉のウエストリンギア‘スモーキー’。

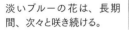

淡いブルーの花は、長期間、次々と咲き続ける。

自然に整ってこんもりした樹形になるウエストリンギア。

コレオネマ

Coleonema

ミカン科　常緑低木　高さ／20〜200cm
鉢植え◎
耐寒性／5度くらいまで
防寒対策／必要11〜3月
開花期／3〜5月
剪定時期／花後、枝が混み合っていたら

枝いっぱいに星形の小さな花を咲かせます。枝や葉には触れたり折ったりするとかんきつ系のフルーティーな香りがあり、花はさわやかな香りが楽しめます。成育旺盛なので、花後に根を崩さないようにひと回り大きな鉢に植えかえましょう。日当たりを好みますが、高温多湿、寒さが苦手なため鉢植えで移動ができるような管理がおすすめです。

コレオネマ・プルケルムは成木でも樹高1mほどで、短いつやのある葉もかわいい。

93

サザンクロス
（クロウエア）

Crowea

ミカン科　常緑低木　高さ／50〜100㎝
鉢植え◎
耐寒性／5度くらいまで
防寒対策／必要11〜3月
開花期／初夏〜秋
剪定時期／花後

小さな星形の花を咲かせます。暑さには強いですが、真夏の西日は避け、半日陰で涼しく過ごさせましょう。真夏以外は日当たりと水はけのよい場所を好みます。やや乾燥ぎみを好み、過湿が苦手です。ただし、極端な乾燥も苦手なので、水ぎれには注意します。初夏に一番花が咲いたあとに半分くらいまで切り戻すと、秋の花つきがとてもよくなります。

サザンクロスという呼び名は、花が星形なので、南十字星という意味から名づけられた。

ごく淡いピンクの花が咲く園芸品種、サザンクロス'ピンクのモーツァルト'。

ボロニア

Boronia

ミカン科　常緑低木　高さ／20〜200㎝
鉢植え◎
耐寒性／5度くらいまで
防寒対策／室内で保護
開花期／3〜5月
剪定時期／花後、枝が混み合っていたら

星形やベル形の小さな花を咲かせます。葉にはミカン科ならではのかんきつ系の香りがあり、花にもさわやかな香りがあります。成育旺盛なので、花後に根を崩さないようにひと回り大きな鉢に植えかえます。日当たりを好みますが、高温多湿、寒さが苦手なため、鉢植えで移動ができるような管理がおすすめです。

美しいピンクの小花が株いっぱいに咲くボロニア。

ピティロディア
Pityrodia terminalis

クマツヅラ科　常緑低木　高さ／70〜100㎝
鉢植え◎、庭植え△
耐寒性／0度くらいまで
防寒対策／マルチング程度
開花期／春
剪定時期／花後や枝が混み合ったとき

ベル状で鮮やかなピンクの花と、シルバーリーフの色合いが美しい、オーストラリア原産の植物です。枝葉は白い毛に覆われていますが、雨が当たると見た目が汚くなり、長雨に当てると根が傷むので、梅雨期には軒下などに移動させます。過湿に弱いので乾燥ぎみに管理します。水は土の表面が乾いたらたっぷりと与えてください。春と秋はしっかり日に当て、真夏の強光は避けます。

ピティロディア‘フェアリーピンク’は、鮮やかなピンクの花が次々と咲く。

プチロータス
Ptilotus exaltatus

ヒユ科　非耐寒性多年草（一年草扱い）
高さ／30〜50㎝
鉢植え、庭植えどちらも◎
耐寒性／マイナス5度くらいまで
防寒対策／なし
開花期／初夏〜晩秋
手入れ時期／花後や枝が混み合ったとき

羽毛のようなピンクの花が初夏から晩秋まで繰り返し咲きます。乾燥に強いので夏の花壇やドライガーデンにもおすすめです。多湿が苦手なため、水のやりすぎには注意しましょう。根が深くまで張っていないことがあるので、ポットから移しかえるときは、根をいじらずそのまま植えつけるのがおすすめです。

プチロータスの外見は、ケイトウに似ている。ドライフラワーにも向いている。

ライスフラワー

Ozothamnus

キク科　常緑低木　高さ／30〜300㎝
鉢植え、庭植えどちらも◎
耐寒性／霜には当てないように
防寒対策／必要11〜3月
開花期／4〜6月
剪定時期／花後

小さな花蕾が米粒のように集まって咲く植物です。つぼみから開花までの観賞期間が3〜4カ月近くあるため、ドライフラワーや切り花としても楽しめます。高温多湿が苦手なので水はけのよい場所へ植えつけを。冬に寒風や霜に当たらない場所であれば庭植えも可能です。花後、半分くらい切り戻すと、翌年の花つきがよくなります。

アプリコット色の花が可憐なライスフラワー'マーマレード'。

淡いピンクの花が集まって咲くライスフラワー。

ワックスフラワー

Chamelaucium

フトモモ科　常緑低木　高さ／50〜200㎝
鉢植え◎
耐寒性／5度くらいまで
防寒対策／必要11〜3月
開花期／4〜6月
剪定時期／花後

ろう質で光沢のあるピンクの花を咲かせます。花後は長く伸びた枝を軽く剪定してひと回り大きな鉢へ植えかえましょう。肥料はほとんど必要としません。高温多湿が苦手なので梅雨時期の管理に注意が必要です。日当たりのよい窓辺に置いて管理します。夏の間は戸外に出しますが、雨が当たらず、風通しと日当たりのよいところに置きます。

淡いピンクでろう質の花が株いっぱいに開花するワックスフラワー。

イソトマ

Isotoma

キキョウ科　半耐寒性多年草（一年草扱い）
高さ／約30cm
鉢植え、庭植えどちらも◎
耐寒性／2度くらいまで
防寒対策／なし
開花期／5〜10月
剪定時期／春の花後

夏の暑い時期にも細い花弁がつながった花をたくさん咲かせます。成育旺盛なので、春の花が落ち着いてきたら半分くらいに切り戻すと、形が乱れず株が充実します。茎を切ったときに出る汁液で、肌が荒れたりかぶれたりすることがあるので注意が必要です。過湿が苦手なので、水のやりすぎには注意します。水はけのよい用土を使います。

イソトマ‘フィズアンドポップディープピンク’は、明るくつややかなピンクの花。

イソトマ‘フィズアンドポップスカイブルー’は、やや幅広いスカイブルーの花。

ブルーファンフラワー
（スカエボラ）

Scaevola aemula

クサトベラ科　多年草（一年草扱い）
高さ／10〜40cm
鉢植え、庭植えどちらも◎
耐寒性／2度くらいまで
防寒対策／必要11〜3月
開花期／4〜10月
剪定時期／梅雨明けか、混み合ったら

扇状に広がる花を次々と咲かせながら横に広がっていくので、グラウンドカバーやハンギングバスケットにもおすすめです。暑さに強いので夏の花壇にも使えます。耐寒性は2度くらいまでなので、一年草扱いになりますが、暖地では越冬します。梅雨明けごろ、茎の半分くらいか、地際から⅓くらいで切り戻します。わき芽のある節の上で切りましょう。鉢植えは鉢の縁に沿って切り戻します。

ブルーファンフラワーは、青花以外にも白やピンク、黄色、複色などいろいろな花色がある。清楚な白花種も美しい。

ブルーベル

Sollya heterophylla

トベラ科　半つる性常緑低木　高さ／1〜2m
鉢植え、庭植えどちらも◎
耐寒性／0度くらいまで
防寒対策／霜よけ程度
開花期／5〜9月
剪定時期／花後と春先に少し切る程度

オーストラリア西部原産のつる性の植物で、支
柱やトレリスなどに巻きついて登っていきます。
学名からソリアとも呼ばれます。つやのある常緑
の葉で、ブルーのベル状の花を咲かせます。比
較的耐寒性が強く、霜に当たらない場所なら
戸外で冬越しできます。酸性の水はけのよい用
土を好みますが乾燥には弱いため、ブルーベリ
ーの用土と培養土を混ぜて使うとよいでしょう。
春と秋には少量の追肥を与えます。

オーストラリアンブル
ーベルの名で流通
する。青いベル形
の花がかわいい。

エレモフィラ

Eremophila

ゴマノハグサ科　常緑低木　高さ／50〜200㎝
鉢植え、庭植えどちらも◎
耐寒性／3度くらいまで
防寒対策／霜よけか室内で保護
開花期／1〜6月
剪定時期／花後や下葉が枯れたとき

オーストラリアに自生する低木で、細かい毛が
密に生えて銀色に見えます。日本で主に流通し
ているのはエレモフィラ・ニベアで、雨に当たる
と全体が黒くなるため、明るい軒下などで育て
ます。根が傷んだり傷つくと枯れるため、植え
つけや植えかえのときは根鉢を崩さないのがコ
ツです。水はけのよい用土を使い、明るく風通
しのよい場所で育てます。また、過湿を嫌うた
め、用土が十分乾いてから水やりします。

エレモフィラ・ニベア
は、淡い青紫色の
花がシルバーリーフ
に映えて美しい。

ブラキカム
Brachyscome

キク科　多年草　高さ／10〜30cm
鉢植え、庭植えどちらも◎
耐寒性／マイナス5度くらいまで
防寒対策／なし
開花期／3〜11月
手入れ時期／梅雨前

鉢花やポット苗で親しまれている草花です。
真夏と真冬以外の長期間、可憐な花を楽
しめます。繊細な印象ですが、水ぎれと極
度な乾燥に気をつければ強健です。花つ
きもよいので、寄せ植えやハンギングバス
ケット、花壇でも楽しめます。高温多湿が
やや苦手なため、水はけのよい用土に植
えつけ、梅雨前に切り戻しをしておくと、夏
も元気に成長してくれます。

ブラキカム'スープリームホワイ
ト'は、白い小花がたくさん咲
いてかわいい。

ブラキカム'姫小菊 バイオレッ
ト'は、紫色の花が美しい。
開花期間が長いため、月に
1回ほど追肥する。

レモンマートル
Backhousia citriodora

フトモモ科　常緑高木
高さ／3〜10m
鉢植え◎
耐寒性／5度くらいまで
防寒対策／必要11〜3月
開花期／6〜7月
剪定時期／花後

寒さはやや苦手ですが、暑さにはとても
強い植物です。レモンよりも強く芳醇なか
んきつ系の香りのする葉は、「レモンよりも
レモンらしい」といわれ、ハーブティーや料
理にもおすすめです。初夏に咲く白い花
は、とても甘い香りが楽しめます。水はけ
がよい用土に植えつけ、日当たりと風通し
のよい場所で育てます。剪定は花後で、
10月くらいまでに済ませておきます。混み
合った枝を透かすように切りましょう。

レモンマートルは、シトラール
という芳香成分が植物の中
で最も多いとされる。

レケナウルティア
（ハツコイソウ）
Leschenaultia

クサトベラ科　常緑低木　高さ／15〜25cm
鉢植え、庭植えどちらも◎
耐寒性／0度くらいまで
防寒対策／必要11〜3月
開花期／11〜5月　剪定時期／花後

鮮やかな花色が特徴の植物で、寒い時期にもたくさん花を咲かせます。草丈が低めなので、冬の寄せ植えの差し色としても重宝します。高温多湿が苦手なので、庭植えにした株は掘り上げて夏場は涼しい場所で管理するのがおすすめです。乾燥に強いのでドライガーデンにもおすすめです。主に赤やオレンジ、黄色などの花が咲くフォルモサ種と、鮮やかなブルーの花のビロバ種が流通しています。冬は霜に当てないようにします。

レケナウルティア・フォルモサ'ユーコ レッドインパルス'は、濃いオレンジ色の花が鮮やか。

大きめの白い花に濃いピンクの縁取りが映えるレケナウルティア・フォルモサ。

アデナントス
Adenanthos

ヤマモガシ科　半耐寒性常緑低木
高さ／1〜3m
鉢植え◎、庭植え○
耐寒性／0度くらいまで
防寒対策／霜よけ程度
開花期／4〜7月
剪定時期／花後、6〜7月ごろ

乾燥に強く、日当たりを好みます。ウーリーブッシュとも呼ばれるセリセウス種が多く流通し、ふわふわしたシルバーグリーンの葉は切り花やドライフラワーでも楽しめます。ある程度寒さに強いため、霜が降りるまでは屋外で育てられます。6〜7月ごろ剪定をすると分枝がよくなります。日当たりのよい場所で水はけのよい用土を使って育てます。リン酸分の少ない肥料を控えめに与えます。

暖地なら庭植えでもよく育つアデナントス・セリセウス。別名はウーリーブッシュ。

先に切れ込みがある逆三角形のシルバーリーフで、枝の先が赤紫色に紅葉するアデナントス・クネータス'バスケットフラワー'。

葉先がクリーム色でしなやかな半ほふく性。淡いパウダーグリーンのアデナントス・カヴィ。

アデナントス・クニィングハーミルブッシュ。チューブ状のパープルレッドの花が咲く。

ハーデンベルギア

Hardenbergia

マメ科　つる性常緑低木
高さ／30〜150㎝（つるは2m以上伸びる）
鉢植え、庭植えどちらも◎
耐寒性／マイナス3度くらいまで
防寒対策／なし
開花期／3〜5月
剪定時期／花後

紫の花が咲くビオラセア種が多く普及していますが、ピンクや白い花もあります。成育旺盛で、つるをどんどん伸ばすのでフェンスやトレリスに絡ませて目隠しとしても利用できます。楕円形の葉はかたく強健です。寒さで落葉することがありますが、春には必ずといっていいほど芽吹き、つるが長く伸びます。過湿がやや苦手なので水はけのよい場所に植えましょう。開花期は水を多めに与えます。

紫色の花がたくさん咲く、ハーデンベルギア・ビオラセア。

ペラルゴニウム・オーストラーレ

Pelargonium australe

フウロソウ科　半耐寒性多年草
高さ／20〜100㎝
鉢植え◎、庭植え△
耐寒性／マイナス8度くらいまで
防寒対策／なし
開花期／春〜秋
手入れ時期／花後やつるが混み合ったとき

ワイルドゲラニウムとも呼ばれ、四季咲き性がある這い性の原種です。半日陰でも生育しますが、日当たりがよいほうがしっかり育ちます。高温多湿が苦手なので、夏は半日陰に移動させましょう。乾燥ぎみを好むため、水はけのよい用土に植えつけます。花後に花茎を切り戻すと次々と花が咲きます。冬に、ある程度の寒さに当てると、翌年の花つきがよくなります。

淡いピンクを帯びた白い花が集まって咲く。

つるを伸ばして這うように広がるペラルゴニウム・オーストラーレ。

フェバリウム

Phebalium

ミカン科　常緑低木　高さ／1〜2m
鉢植え、庭植えどちらも◎
耐寒性／マイナス5度くらいまで
防寒対策／なし
開花期／3〜4月
剪定時期／花後、容姿が乱れていたら

葉が小さくて細長く、淡い黄色の小花を
たくさん咲かせます。耐寒性、耐暑性もあ
る程度あるので、初心者にもおすすめで
す。成長も比較的ゆっくりなので、伸びす
ぎたところをたまに剪定する程度のメンテ
ナンスで育ちます。日当たりと風通しがよ
い場所で育てます。水はけのよい用土を
好み、梅雨時期と秋の長雨時期は、軒
下などの雨が当たらない場所で育てるほ
うがよいでしょう。

フェバリウム・スクアム
ロスムのつぼみ。

開花すると5弁で花径1cm
の淡い黄色の花になる。

枝が長く伸びて花が咲くの
で、「キリンの木」とも呼ば
れているフェバリウム。

ハナカンザシ

Rhodanthe anthemoides

キク科　多年草(一年草扱い)高さ／15〜25cm
鉢植え、庭植えどちらも◎
耐寒性／マイナス5度くらいまで
防寒対策／なし
開花期／3〜5月
手入れ時期／花後、梅雨前

ドライフラワーとしても楽しめる小さな白い
花がたくさん咲き、早春の寄せ植えの名
脇役として活躍してくれます。本来は多年
草ですが、日本では夏越しが難しいた
め、一年草として扱われます。日当たりと
風通しのよい場所を好みます。軽い凍結
や、霜程度なら耐えられます。花に水が
かかると変色してしまうことがあるので、
水やりは株元の用土へあげましょう。水の
与えすぎに気をつけます。

花を触ると、カサカサとした
質感。ドライフラワーにしてク
ラフトでも利用したい。

キサントステモン

Xanthostemon chrysanthus

フトモモ科　常緑高木　高さ／〜10m
鉢植え◎
耐寒性／5度くらいまで
防寒対策／必要11〜3月
開花期／5〜10月
剪定時期／花後

近年出回るようになった植物で、現地では
10mもの大木に成長しますが、鉢植えや
庭植えでは2m程度になります。枝先に淡
い黄緑色の花が集まって咲き、大きな花序
となります。雄しべが花から飛び出すような
花形が特徴です。寒さが苦手なため、日
本では鉢植えでの管理がおすすめです。
冬は室内で保護したほうがよいでしょう。
日当たりのよい場所で育てます。水ぎれを
嫌うため、鉢の土がしっかり乾いてからた
っぷり水やりをしましょう。

淡い黄緑色の花が美しい、キサ
ントステモン・クリサンサス。

ダンピエラ

Dampiera

クサトベラ科　常緑低木　高さ／15〜60㎝
鉢植え◎
耐寒性／マイナス3度くらいまで
防寒対策／必要11〜3月
開花期／3〜6月
剪定時期／葉が傷んだら

風にそよぐやわらかな葉とブルーの花が
印象的な植物です。高温多湿が苦手な
ので、寄せ植えや鉢植え管理がおすすめ
です。花後は花が咲いた場所から少し下
で切り戻しをして、涼しい半日陰などに
移動し、夏越しをしましょう。冬は軒下
か室内の明るい場所で管理してください。
ブルー系の花が多数咲き、葉との対比も
きれいなのでドライガーデンのポイントに
するのもよいでしょう。明るい場所で育て、
やや乾燥ぎみにして水はけのよい用土で
植えつけます。

鮮やかな花色で、
細かい毛が葉など
の表面に生えるダン
ピエラ'プルプレア'。

ダンピエラ'ダンシングブル
ー'は、シルバーリーフと花茎
に次々と咲く青紫色の花が
見どころ。

オージープランツに似合う
ワイルドプランツ

ニュージーランドや南アフリカ原産の植物で、
オージープランツと合わせて
庭や鉢などで育てられる植物をご紹介します。

リューカデンドロン

Leucadendron

ヤマモガシ科
半耐寒性常緑低木　高さ／50〜150㎝

リューカデンドロン
'レッドデビル'

鉢植え、庭植えどちらも◎
耐寒性／マイナス1度くらいまで
防寒対策／マルチング程度
開花期／秋〜春
剪定時期／花後

開花時に赤くなる苞葉がとても目を引く品種です。切り花にもドライフラワーにも活用できます。寒さがやや苦手なので、冬は株元にマルチングをして防寒するのがおすすめです。日当たりと水はけのよい場所で乾燥ぎみに育てましょう。

リューカデンドロン
'ストロベリーフェア'

鉢植え◎
耐寒性／0度くらいまで
防寒対策／マルチング程度
開花期／春
剪定時期／花後

緑色の苞葉の中に小さなピンク色の花を咲かせる姿がイチゴに似ていることからこの名がついたといわれます。霜に当たらないようにするため、冬はマルチングをするか、夜間は軒下に移動させるのをおすすめします。

リューカデンドロン'サマーサン'

鉢植え◎、庭植え△
耐寒性／3度くらいまで　防寒対策／必要11〜3月
開花期／秋〜春　　　　剪定時期／花後

南アフリカ原産。大輪の黄色の花と黄緑がかった大きな苞が特徴的で、花もちがよく、切り花やドライフラワーでも人気があります。丸くて小さめの葉もかわいいです。霜が降りない暖地では庭植えにもできますが、鉢植えでの管理がおすすめです。

プロテア'リトルプリンス'の咲き始め。プロテアの中ではコンパクトな品種。花は王冠のように美しく、卵形の丸い緑葉とのコントラストも鮮やかです。

プロテア
Protea

ヤマモガシ科
半耐寒性常緑低木　高さ／50〜200㎝
鉢植え◎
耐寒性／0度くらいまで
防寒対策／必要11〜3月
開花期／春〜秋（株が充実してくると周年咲き）
剪定時期／花後

南アフリカ原産で花が大きく、苞葉が赤色で花は白色です。エキゾチックな印象なので、とても目を引く花です。有名なキングプロテアは直径20㎝ほどになります。つぼみのあるときに水ぎれを起こすと、そのつぼみは咲かないので注意します。水やりは鉢土が乾いてからたっぷりと与えます。冬は寒風や霜に当たらないような場所での管理がおすすめです。

満開のプロテア'リトルプリンス'。豪華で雄大な花が魅力。

アガベ
Agave

キンカクジ科　多肉植物　高さ／1〜3m
鉢植え◎、品種によって庭植え◎
耐寒性／0度前後（品種による）
防寒対策／不要（品種による）
開花期／春〜夏
剪定時期／下葉が枯れたらとり除く

原産地はメキシコや中南米で、肉厚で葉の先端に鋭いトゲのある、ロゼット形の多肉植物です。葉色は、青みが強いシルバーグリーンや、カールした繊維が側面につくもの、はっきりした斑入りの品種など、バリエーションが豊富で人気があります。品種によっては庭植えができるので、ドライガーデンにもおすすめです。株が大きく育って充実してくると花が咲きますが、開花したらその株は枯死してしまいます。親株の周囲からたくさんの子株を伸ばすので、株分けしてふやします。春〜秋に成長し、冬は休眠します。

→アガベ・アテナータは、アガベの中では珍しい、木立ち状に伸びるタイプ。ユニークな株姿で人気があり、150㎝くらいまで伸びる。

↓アガベ'五色万代'は、はっきりとした鮮やかな斑入りのロゼットタイプ。比較的小型で耐寒性もあり、暖地なら庭植えにできる。ドライガーデンやロックガーデンに似合う。

コルジリネ

Cordyline

キンカクジ科　常緑低木　高さ／50〜200cm
鉢植え、庭植えどちらも◎
耐寒性／マイナス5度くらいまで
防寒対策／1〜2月（葉を縛っておくとよい）
開花期／6月
剪定時期／春

ニュージーランド原産で、スッと長くて美しい葉が特徴です。基本的に分枝せずにまっすぐ上に成長するため、メンテナンスは下の枯れ葉をとり除いたりすることが中心になります。日当たりのよい場所のほうが、葉色の発色がさえます。葉の中心に成長点があり、凍ってしまうと枯れるため、霜や雪の降る地域では、厳冬期は葉を麻ひもなどで結んで防寒対策をするのがおすすめです。

コルジリネ・オーストラリス'レッドスター'は、シックな赤紫色の葉が目を引く人気の品種。暖地なら庭植えでドライガーデンのポイントに。

ピンクッション
（リューコスペルマム）

Leucospermum

やや扁平な球形の花で、色鮮やかなオレンジレッドのリューコスペルマム'ソー サクセスフル'。

咲き始めはややイエローが強く、咲き進むとピンクがかったアプリコット色になるリューコスペルマム'カーニバルコースト'。

ヤマモガシ科　非耐寒性常緑低木
高さ／2〜3m
鉢植え◎
耐寒性／5度くらいまで
防寒対策／夜間は室内で保護
開花期／3〜5月
剪定時期／花後

↓リューコスペルマム'マルディグラ プチ'は、とても花つきがよく、アプリコット色の花を咲かせる品種。

南アフリカ原産で、針刺しのような花の形が、名前の由来になっています。ピンクッションの名前で親しまれていますが、植物名はリューコスペルマムです。1株でたくさんの花を咲かせるので、切り花やドライフラワーにもおすすめです。夏の暑さと乾燥にはやや強いのですが、冬の寒さと高温多湿が苦手です。冬の夜間は室内へとり込んで保護し、梅雨時期は雨の当たらない明るい軒下などへ移動させましょう。

セルリア

Serruria

ヤマモガシ科　常緑低木　高さ／1〜2m
鉢植え◎
耐寒性／0度くらいまで
防寒対策／冬は室内で保護
開花期／12〜4月
剪定時期／花後

南アフリカ原産で、線のような細い葉をもち、ふわふわした白〜ピンク色の花を咲かせます。ドライフラワーとしても人気です。乾燥には強く、ある程度の寒さには耐えますが、梅雨から夏の高温多湿は苦手です。7月以降に翌年の花芽がつくため、剪定は梅雨前に行います。株元から10〜15㎝のところでばっさり切ると分枝がよくなり、翌年にたくさんの花を楽しめます。

セルリアの中では寒さに強く、低温でピンクがさえる'プリティーピンク'。花もちもよい。

セルリア'カルメン'は、オーストラリアで育成された交配種。小ぶりな花が多数咲いてコンパクト。

セルリア'ブラッシングブライド'は、直径約5㎝の白花種で、故ダイアナ妃の結婚式のブーケで注目された。花もちがよく、切り花で人気。

ニューサイラン

Phormium

キンカクジ科　多年草　高さ／1〜2m
鉢植え、庭植えどちらも◎
耐寒性／マイナス5度くらいまで
防寒対策／なし
開花期／6〜7月
手入れ時期／葉が傷んだら

ニュージーランド原産で、コルジリネと葉の形が似ていますが、幹はなく、株元から扇状に葉を出す多年草です。銅葉や斑入りなど、葉のバリエーションが豊富です。4月ごろに株分けしてふやすことができます。乾燥にも強いのでドライガーデンにもおすすめです。春〜秋は成長期なので水は多めにあげましょう。日当たりがよいほうが、葉色が美しく育ちます。

くっきりと涼しげな斑入り葉で、どんな庭でも合わせやすいニューサイラン'バリエガータ'。

ブロンズ色の葉が美しく、庭のアクセントとして人気があるニューサイラン'プルプレア'。

フィリカ
Phylica

フィリカ科　常緑低木　高さ／50〜150㎝
鉢植え◎
耐寒性／0度くらいまで
防寒対策／必要11〜3月
開花期／秋〜春
剪定時期／花後

南アフリカ原産で、冬に咲く羽毛をまとった
ような葉と花が特徴です。一年を通じて
乾燥ぎみに育て、特に初夏から初秋の高
温多湿の時期は雨の当たらない場所で育
てます。花後は草丈の½〜⅓ほど切り戻
すと分枝がよくなります。日当たりは大好き
ですが、夏は半日陰での管理がおすすめ
です。まだ流通量の少ない種類です。暖
地ならマルチング、寒冷地は室内に。

鉢植えで苗が流通するフィリカ・プベッ
センス'ワフトフェザー'。コンパクトにま
とまり、花つきがよい。切り花やドラ
イフラワーでも人気がある。

コプロスマ
Coprosma

アカネ科　常緑低木
高さ／20〜200㎝
鉢植え、庭植えどちらも◎
耐寒性／0度くらいまで
防寒対策／暖地ではなし
開花期／3〜5月
剪定時期／花後

ニュージーランド原産で葉に光沢があり、
品種によっては寒さに当たると紅葉しま
す。立ち性やほふく性などバラエティー豊
かです。過湿が苦手なので乾燥ぎみにし、
花は目立たないので、カラーリーフとして
楽しむのがおすすめです。株が小さいうち
は、冬は株元にマルチングなどの防寒対
策をしましょう。大株に育てば、関東の平
野部以西の暖地なら庭植えでも防寒なし
で育ちます。

コプロスマ'レインボーサプライズ'は、
夏は葉にクリーム色やピンクの斑が入
り、秋に紅葉して全体的に赤くなる。

コプロスマ'イブニンググ
ロー'は、秋に葉が赤茶
色になり、夏にはライム
グリーンになる。

オージープランツの購入先ガイド

オージープランツの苗や鉢植えは、植えつけ適期の少し前から流通することが多いので、欲しい植物がある場合はオージープランツの品ぞろえが豊富な園芸店やガーデンセンターをチェックして、お店のスタッフに相談してみましょう。専門店やネット通販も活用しましょう。

上／エキゾチックプランツに囲まれた外観。
右／敷地内にあるランドマーク的なメラレウカ・リナリイフォリア'スノーインサマー'の大木は、毎年初夏に白い花が満開になる。春には何種類ものアカシアが咲きそろう。

the Farm UNIVERSAL CHIBA

オージープランツが豊富にそろうガーデンセンター。全国のナーセリーから届く、えりすぐりのオージープランツが魅力。オージープランツにも使えるリン酸分が少なめの用土や育てやすい鉢など、便利で使いやすい資材もそろっている。オージープランツを使った庭作りも依頼できる。講習会やワークショップも開催されている。

千葉県千葉市稲毛区長沼原町731-17
フレスポ稲毛 センターコート内
Tel　043-497-4187
平日 10:00～18:00
土日祝 10:00～18:00
不定休（年末年始のお休みあり）
https://the-farm.jp/chiba/
https://www.instagram.com/thefarm_chiba/

おすすめの全国園芸店とネットショップ （2023年1月現在）

■ **the Farm UNIVERSAL OSAKA**
大阪府茨木市大字佐保193-2
072-649-5339
https://the-farm.jp/osaka/
＊大型ガーデンセンター　ネット通販あり

■ **the Farm UNIVERSAL KITAKYUSHU**
福岡県北九州市八幡東区東田4-1-1
THE OUTLETS KITAKYUSHU内
093-663-9377
https://www.instagram.com/
thefarm_kitakyushu/
＊大型ガーデンセンター

■ **the Farm UNIVERSAL TOKYO**
東京都町田市鶴間3-4-1グランベリーパーク内
042-850-7230
http://the-farm.jp/tokyo/
＊大型ガーデンセンター

■ **WORLD GARDEN ＜ワールドガーデン＞**
東京都江戸川区西小岩5-9-22
03-5668-8701
https://www.worldgarden.jp/
＊観葉植物やエキゾチックプランツ専門店

■ **早野園芸** （ハヤノグリーンクリエーション）
埼玉県本庄市寿2丁目3601-1
0495-23-3826
http://www.hayano-green.com/
＊鉢花や珍しいオージープランツの生産と販売
ネット通販あり

■ **園芸ネット本店**
https://www.engei.net/
＊ガーデニングの総合通販サイト
オージープランツも多数そろう

育てて楽しむオージープランツ
植物図鑑索引

［参考文献］
『はじめてのオージープランツ図鑑』（遠藤昭・青春出版社）

Afterword

育てて成長を楽しむのはもちろん、
咲いた花や剪定した葉も
ドリンクやクラフトなどに
楽しく活用できるオージープランツ。
たくさんの種類の中から
お気に入りを見つけて、
暮らしの中にとり入れて
いただけますように。

石川久美子　*Kumiko Ishikawa*

STAFF

装丁・本文デザイン／矢作裕佳（sola design）
撮影／柴田和宣（主婦の友社）
写真協力／ the Farm UNIVERSAL CHIBA、澤泉美智子
取材協力／ the Farm UNIVERSAL CHIBA
企画・編集／澤泉美智子（澤泉ブレインズオフィス）
編集デスク／松本享子（主婦の友社）

育てて楽しむ
オージープランツ

令和5年3月31日　第1刷発行

著　者　石川久美子
発行者　平野健一
発行所　株式会社主婦の友社
　　　　〒141-0021
　　　　東京都品川区上大崎3-1-1
　　　　目黒セントラルスクエア
　　　　電話　03-5280-7537（編集）
　　　　　　　03-5280-7551（販売）
印刷所　大日本印刷株式会社

© Kumiko Ishikawa 2023　Printed in Japan
ISBN978-4-07-454416-5